题解论语

高传利 编著

人民东方出版传媒
People's Oriental Publishing & Media
東方出版社
The Oriental Press

图书在版编目（CIP）数据

题解论语 / 高传利编著．—北京：东方出版社，2023.5
ISBN 978-7-5207-3352-6

Ⅰ．①题… Ⅱ．①高… Ⅲ．①阅读课—高中—升学参考资料
Ⅳ．① G634.333

中国国家版本馆 CIP 数据核字（2023）第 040195 号

题解论语
（TIJIE LUNYU）

作　　者： 高传利
策划编辑： 姚　恋
责任编辑： 王晶晶
出　　版： 東方出版社
发　　行： 人民东方出版传媒有限公司
地　　址： 北京市东城区朝阳门内大街 166 号
邮政编码： 100010
印　　刷： 北京明恒达印务有限公司
版　　次： 2023 年 5 月第 1 版
印　　次： 2023 年 5 月北京第 1 次印刷
开　　本： 710 毫米 ×1000 毫米　1/16
印　　张： 13.25
字　　数： 206 千字
书　　号： ISBN 978-7-5207-3352-6
定　　价： 56.00 元
发行电话：（010）85924663　85924644　85924641

目　录

■前　言

本书是继《题解红楼》之后的第二本书，与上本书的体例基本保持一致。这也是一本专门写给青年学生的书。

对于《论语》这样一部博大精深的文化著作，学生读准字音、熟记语句、掌握翻译是相对容易的，但做出准确合理的解读并用恰切的上位概念进行表述，从而表达自己的见解，则是困难的。这也是许多研读《论语》的人产生畏难情绪的一个原因。《论语》作为高考必考的一部经典名著，显然成了制约学生升学的一大瓶颈。

有人尝试对《论语》进行各种检测形式的设题训练，用心是好的，但学生并不完全认同，效果也不明显。学生更需要的，是既能起到一定的阅读训练导引，提高答题精准度，又能提升阅读能力，获得阅读享受的读本。本书就是这样一本应需之作。

本书以《论语》全文为基本内容，主要分为“问题研读”“文本助读”和“高考真题”三个部分。其中“问题研读”又分为“伦理”“政治”“哲学”“教育”“综合”等几个板块，每个板块大体按照概念分析的内在逻辑，或按照题目第 1 则章句在原著的位置先后，或按照先《论语》文本后其他文本顺序进行编排。“文本助读”的选文是《论语》阅读的拓展与助读，按照人物生平、主要观点顺序编排。“高考真题”则是收录了历年来的北京高考真题，按年份编排。上述体例，既有利于读者的翻检，也有利于读者的宏观把握和阅读推进，为读者的有效阅读提供了方便。

本书的“题解”，包含两方面的意思。一是书名“题解”，指用题目问答的方式助力学生阅读，重点不在训练，而在让学生能读下去，能掌握原著内容，能摸到答题门道。二是试题里的“题解”，指用最简要的点拨，让学生明确考查方向和答题思路（有时也有对原著内容的简单梳理）。

本书重点是“问题研读”部分，该部分题目主要来自北京各区的模拟题，也有部分原创。其中，若有答案示例，则充分采用原答案（有修正）；若没有答案，则补写出答案示例。本书的另一大亮点是附录里的重点章解与多义章句释义，这为不能进行上位概念提升以及多义辨析的读者提供了极大的方便。根据我多年的教学实践经验，对这种迅速提升阅读能力和答题质量的阅读形式，学生表现出了足够的热情和欢迎。

同时，对于《论语》的阅读爱好者，或是初入门者，本书也是一本不错的阅读参考书。

本书充分借鉴和吸收了部分专家、广大教师以及学生的研读成果，并以此为基础进行了重新编排和改写，可以说是集体智慧的结晶。在此一并表示感谢！同时，基于本书不是一年一换的备考训练册，而是具有一定长期性的阅读书籍的考虑，再加上弄清全部信息来源也有难度，所以编排时把具体的命题者及年份略去了，望广大同人谅解。

难舍那一脉书香，《题解论语》值得拥有！

2023 年 1 月

《论语》概述

简　介

在古代，《论语》是读书人的必读书，在大力弘扬中华优秀传统文化的今天，《论语》也应是必读书。《论语》集中体现了孔子在伦理、政治、哲学、教育等方面的思想，是儒家的经典著作。

孔子（前551—前479），名丘，字仲尼，鲁国陬邑（今山东曲阜）人，春秋末期伟大的思想家和教育家，儒家学派的创始人。《论语》成书于春秋战国之际，是记载孔子及其弟子言行的书。《论语》全书共20篇，取篇首二、三字为篇名。每一篇又分若干章，每章长短不一，短的只有一句话，长的也不过数百字。前后章之间不一定有什么联系，有些章还有重复现象。《论语》全书共507章，1.5万余字，简明扼要，但内容十分丰富，从多方面反映了孔子的思想和为人，主要表现在以下几个方面。

（一）以爱人为核心的仁德

孔子思想的主要内容是“仁”。孔子依据人的主体意识，将周公以来礼乐文化的内在根源完全归结为“仁”，使“仁”成为礼乐的核心和人际关系的根本，强调“仁者爱人”与“克己复礼为仁”。

（二）以法先王为基础的礼论

孔子处在礼坏乐崩、天下无道的动乱年代。《论语》中所讲的礼多为“周礼”，即在周初确定的一整套典章、制度、规矩、仪节。孔子对周礼的态度，也反映了对氏族统治体系及其所保留的原始礼仪的维护。

（三）以中庸之道为准则的实用哲学

孔子儒家哲学的核心思想是“仁”“礼”，其哲学基础是中庸之道。孔子认为，中庸是人们最高尚的道德品质，中庸致和是整个世界存在和发展的根本规律，允执其中，不偏不倚，适中合度，恰如其分，是孔子对现实世界的基本认知。

（四）以因材施教为方法的完整的教育思想

中国传统教育的基本理论及最宝贵的教学方法，都是孔子奠基的，都可以从《论语》中探得源头。《论语》中诸多有关教、学、思、问的言论事例，都是值得遵循和研讨的。孔子对文化教育的功绩和贡献可以概括为两方面：一是整理、保存了古代文化典籍；二是开创了私人自由讲学的风气，积累了丰富的教育经验，形成了比较系统的教育思想。

在儒家十三经中，《论语》对后世的影响时间最长久，地域最广远。此书自编成之后，在两汉即为蒙学用书，一直至清代，传承习用一直未绝。传至南宋，朱熹把《论语》《大学》《中庸》《孟子》集为四书，作《四书章句集注》，形成南宋以后影响最广泛的一部经书。相传宋代开国宰相赵普曾有“半部《论语》治天下”的名言，这从侧面反映出《论语》在中国古代社会发挥的作用与影响之大。

各篇概要

梁启超《要籍解题及其读法》一书中云：

“(《论语》) 其书编次体例，并无规定，篇章先后，似无甚意义，内容分类，亦难得正确标准，可分为以下几类：

一、关于个人人格修养之教训；

二、关于社会伦理之教训；

三、政治谈；

四、哲理谈；

五、对于门弟子及时人因材施教（注重个性）的回答；

六、对于门弟子及古人时人之批评；

七、自述语；

八、孔子日常行事及门人诵美孔子之语（映入门弟子眼中之孔子人格）。

右（笔者按：原文竖排）所列一二项，约占全书三分之二，其余六项约合占三分之一。第一项人格修养之教训，殆全部有历久不磨的价值。第四项之哲理谈，虽著语不多（因孔子之教，专贵实践，罕言性与天道），而皆渊深入微。第二项之社会伦理，第三项之政治谈，其中一部分对当时阶级组织之社会立言，或不尽适于今日之用，然其根本精神，固自有俟诸百世而不惑者。第五项因人施教之言，则在学者各自审其个性之所近所偏而借以自鉴。第六项对人的批评，读之可以见孔子理想人格之一斑。第七项孔子自述语及第八项别人对孔子之观察批评，读之可以从各方面看出孔子之全人格。《论语》全书之价值大略如此。要而言之，孔子这个人有若干价值，则《论语》这部书，亦连带有若干价值也。”

尽管梁任公有《论语》“内容分类，亦难得正确标准”的判断，为了让读者能尽快掌握全书，我们还是对各篇撮其主要内容，做了一个粗放的概要梳理，如下：

学而篇第一　主要是谈修己、为政（孔子与有子、曾子诸人语录各占一半，有子诸人，2、4、7、9、10、12、13、15 章）。

为政篇第二　主要是谈为政、孝、君子、学。

八佾篇第三　主要是谈礼。

里仁篇第四　主要是谈仁、道、义、孝、言。

公冶长第五　主要是谈评价（对弟子的评价，1—14 章；对他人的评价，15—25 章；志向与做法，26—28 章）。

雍也篇第六　主要是谈君子（品德情怀）。

述而篇第七　主要是谈治学、修身（治学，1、2、3、6、7、8、14、17、18、19、20、22、24、25、28、34 章）。

泰伯篇第八　主要是谈君子（进退之道）（孔子谈泰伯 1 章，周公 11 章，尧 19 章，舜 18、20 章，禹 18、21 章，周文王、周武王 20 章；曾子谈君子，3—7 章）。

子罕篇第九　主要是谈评价（孔子的价值追求、对外部世界的认识，大体以 17 章为界）。

乡党篇第十　主要是谈养生。

先进篇第十一　主要是谈评价（对弟子的评价与感情）。

颜渊篇第十二　主要是记问答（孔子答弟子，1—7、10、14、20—23 章；孔子答为政者，11、17、18、19 章；弟子答问，子贡 8 章，有若 9 章，曾子 24 章）。

子路篇第十三　主要是谈为政（弟子问政，1、2、3、4、17、20 章；为政者问政，15、16、18 章；孔子自谈为政，其余各章）。

宪问篇第十四　主要是谈修身、评价（对为政者的评价）。

卫灵公篇第十五　主要是谈君子（操守修身）（修身，3、4、9、10、13、24、27、30、31、36 章）。

季氏篇第十六　主要是谈国运、君子（修身）（国运，1、2、3、12、14 章；君子的修身，其余各章。之前各篇多作“子曰”，本篇均作“孔子曰”）。

阳货篇第十七　主要是谈情怀（经世致用）（本篇偶作“孔子曰”）。

微子篇第十八　主要是谈理念（孔子的入世与隐者的出世）。

子张篇第十九　主要是记弟子的言论（子张，1、2、3 章；子夏，4—13 章；子游，12、14、15 章；曾子，16—19 章；子贡，20—25 章）。

尧曰篇第二十　主要是谈为政、君子。

问题研读

伦　理

伦理是《论语》中最主要的内容之一。它包括人格修养和社会伦理两个方面。其中人格修养即修身，包含了孔子的仁爱观、行为观和交往观。这里就涉及了文本中提到的许多重要概念，如仁、义、礼、信，孝、忠、恕、志，恭、宽、敏、惠，勇、敬、谨、直，文、质、言、简，乐、食、利、耻，士、君子以及察人、交友等。下面择要略作梳理：

仁，是孔子儒家思想最核心的概念，在《论语》全书中出现 109 次。“仁”的涵义是多元的，但也是相互关联的。“仁者爱人”，包括两个方面：一是“亲亲”（爱亲人），“孝悌也者，其为仁之本与”；二是对他人的爱，主要表现为“忠恕”，“忠”是“己欲立而立人，己欲达而达人”，“恕”是“己所不欲，勿施于人”。“仁”实现的途径，一是“为仁由己”，“克己复礼为仁”；二是推己及人，“泛爱众，而亲仁”。“仁”以自觉的道德修养为境界，“我欲仁，斯仁至矣”。

礼，是孔子思想中仅次于“仁”的最重要的概念之一。在《论语》全书中共出现了 76 次。礼的内容，包括名物之礼、言行之礼、礼乐之礼、典章制度等。“礼”的实质是爱人之心的自然流露，对“礼”的实践贯穿于一个人成长的各阶段。“礼”与“仁”的关系，“内仁外礼”。

孝，是中华传统文化中的核心价值之一。在《论语》中共出现 19 次，其中孔子本人谈及“孝”16 次。孔子第一次将人类的孝行为加以理论概括，并将之具体化为人们的日常行为规范。孝包括事生和事死。事生，要做到养亲、敬亲、关亲、承志、立身。事死，要安葬、追念，如“死葬之以礼，祭之以礼”，“慎终追远”。孝悌为本，广行孝道，维护社会安定。“孝”乃修身、齐家、治国、平天下之道。

忠，是人们应该遵循的一种伦理美德。在《论语》中共出现 18 次。忠包括教人忠、修身忠、与人忠、忠于职守、美德之忠、爱国（事君）以忠、忠恕为仁等多层含义。孔子把“忠”纳入其“仁学”体系，忠恕之道是孔子伦理思想体系中最基本、最普遍的伦理准则。

志，志向，决定了一个人未来的人生方向，也决定了为人的品格、日常的操守。在《论语》中共出现 17 次。孔子之志，志于学，志于仁，志于道，最终落实在实现天下大同。《论语》中的“志”，一方面是对社会责任的承担，另一方面是对志向的坚守。这种坚守既有对道的坚定信心，也有历经磨难不改初心的顽强意志。

君子，可以理解为拥有诸多美德的人或者达到了一定人格境界的人，也可以理解为愿意成为具有君子之德的人。在《论语》全书中共出现 107 次。《论语》中对君子的描述，也可以看成对君子的要求，包括君子的境界与追求、行事与心态、表与里（文与质）。《论语》中与“君子”对举的是“小人”这一概念。孔子以仁义道德人性论为基础，关注理想人格问题，建立起比较成型的君子理论框架。

仁

1. 阅读下面《论语》中的文字，回答问题。

①子曰：“________，鲜矣仁。”（《论语·学而》）

②子曰：“________，无求生以害仁，有杀身以成仁。”（《论语·卫灵公》）

横线处是耳熟能详的成语，请根据原文将其填写完整，并说明该组句子反映了孔子的什么思想。

【题解】

第一问是理解性默写，第二问是理解概括。理解性默写题，考查的是背诵与记忆能力。理解概括题，考查的是结合选文进行具体分析的能力。概括思想，要仔细推敲关键词句。

【答案】

（1）①巧言令色　②志士仁人

（2）关于“仁”学思想。“仁”是一种高尚道德，为人正直、表里如一；“仁”是坚守正义的品格，为了实现正义的目的，甚至可以牺牲生命。

2. 阅读《论语·乡党》第9章，回答问题。

厩焚，子退朝，曰：伤人乎不问马。

（1）文言文中，“不”常常通“否”，因此，本章画线部分可以有多种断句，其中最不恰当的一项是

A. 伤人乎 / 不问马　　B. 伤人乎不 / 问马

C. 伤人 / 乎不 / 问马　　D. 伤人乎 / 不 / 问马

（2）这一章，体现出孔子什么思想？

【题解】

读准句读，把握思想。

【答案】

（1）C（“乎”为表疑问语气词，与前面分开或与“不”结合，都不通）。

（2）人本思想（仁爱；仁；以人为本；重视人，不重视物；首先重视人，然后才是物）。

3. 阅读下面《论语》中的文字，回答问题。

“厩焚。子退朝，曰：‘伤人乎？’不问马。”（《论语·乡党》）

这段文字，据唐人陆德明《经典释文》的句读可以标点为：

“厩焚。子退朝，曰：‘伤人乎？’‘不。’问马。”

（1）分别指出上面两种不同标点的引文中孔子对人、马的态度。

① ②

（2）结合孔子的仁爱观，谈谈你对后一种句读的看法。

【题解】

（1）理解概括题。准确理解句意，并进行归纳概括。本题中，不同的标点断句，表达不同的意思，主要区别在于，《论语》中的理解是“不问马”，而《经典释文》中的理解是也问马，只不过是后问。

（2）分析评价题。本题具有开放性，但要结合孔子的仁爱观进行分析评价。陆德明的断句有其合理性，因为孔子不仅对人有仁爱之心，对动物也有仁爱之心，这在《论语》其他章句中也有体现。但传统观点认为，孔子对人与动物毕竟还是有区别的，孔子的本意更应是以人为本。

【答案】

（1）①贵人贱马 ②人马并重（或“先人后马”）

（2）要点：这种句读体现了后儒对孔子的推崇，但“人马并重”并非孔子的本意。因为孔子的“仁”并非兼爱，他主张在“亲亲”的基础上推己及人。

示例：后一种句读不符合孔子的仁爱观。“仁者爱人”是孔子仁爱观的核心内容，体现了孔子对人的尊重。后一种句读是“人马并重”，与孔子的本意有出入，不符合孔子的主张。

4. 阅读下面《论语》中的文字及相关材料，回答问题。

子张问仁于孔子。孔子曰："能行五者于天下为仁矣。""请问之。"曰："恭、宽、信、敏、惠。恭则不侮，宽则得众，信则人任焉，敏则有功，惠则足以使人。"（《论语·阳货》）

（1）下列表述中不属于儒家思想核心"仁"的规范的一项是

①饭疏食饮水，曲肱而枕之，乐亦在其中矣。

②己所不欲，勿施于人。

③居处恭，执事敬，与人忠。

④桓公九合诸侯，不以兵车，管仲之力也。

⑤八佾舞于庭，是可忍也，孰不可忍也？

⑥博学而笃志，切问而近思

A. ①⑤　　B. ②③　　C. ④⑥　　D. ②④

（2）《论语·阳货》中"能行五者于天下为仁矣"与下文《过秦论》（节选）中"此言劳民之易为仁也"，都提到了"仁"。请结合两个文段的具体语境，谈谈二者的区别。

链接材料：

今秦二世立，天下莫不引领而观其政。夫寒者利裋（shù）褐，而饥者甘糟糠。天下嚣嚣[1]，新主之资也。此言劳民之易为仁也。向使二世有庸主之行而任忠贤，臣主一心而忧海内之患，缟素而正先帝之过；裂地分民以封功臣之后，建国立君以礼天下；虚囹圄而免刑戮，去收孥[2]污秽之罪，使各反其乡里；发仓廪，散财币，以振孤独穷困之士；轻赋少事，以佐百姓之急；约法省刑，以持其后，使天下之人皆得自新，更节修行，各慎其身；塞万民之望，而以盛德与天下，天下息矣。即四海之内皆欢然各自安乐其处，惟恐有变。虽有狡害之民，无离上之心，则不轨之臣无以饰其智，而暴乱之奸弭矣。

（贾谊《过秦论》）

注释：【1】嚣嚣：百姓苦苦哀叫。【2】收孥（nú）：古时，一人犯法，妻子连坐，没为官奴婢。

【题解】

（1）句①对于人生快乐的理解，是生活状态，句⑤关注礼乐制度，谈僭越礼仪的危害，不属于儒家思想核心“仁”的规范。

（2）明确“仁”的含义，并能联系语境展开分析，谈出区别。

【答案】

（1）A

（2）《论语》中此处的“仁”，指为人处世的原则，是每个人的个人道德修养。本则章句中行“仁”五要，“恭”“信”“敏”是对己，要求恭敬、诚信、勤敏；“宽”“惠”是对人，宽大、恩惠就能得到大众的拥戴。《过秦论》中的“仁”，是以儒家思想“仁者，爱人”的基本内涵发展而来的“仁政”，是专门对治国理政者提出的治国理念。

【链接材料参考译文】

当今秦二世登上王位，普天之下没有人不伸长脖子盼着看一看他的政策。受冻的人穿上粗布短袄就觉得很好，挨饿的人吃上糟糠也觉得香甜。天下苦苦哀叫的百姓，正是新皇帝执政才能的表现。这就是说劳苦人民容易接受仁政。如果二世有一般君主的德行，任用忠贞贤能的人，君臣一心，为天下的苦难而忧心，服丧期间就改正先帝的过失，割地分民，封赏功臣的后代，封国立君，对天下的贤士以礼相待，把牢狱里的犯人放出来，免去刑戮，废除没收犯罪者妻子儿女为官家奴婢之类的杂乱刑罚，让被判刑的人各自返回家乡。打开仓库，散发钱财，以赈济孤独穷困的士人；减轻赋税，减少劳役，帮助百姓解除急困；简化法律，减少刑罚，给犯罪人以把握以后的机会，使天下的人都能自新，改变节操，修养品行，各自谨慎对待自身；满足万民的愿望，以威信仁德对待天下人，天下人就归附了。如果天下到处都欢欢喜喜安居乐业，唯恐发生变乱，那么即使有奸诈不轨的人，而民众没有背叛主上之心，图谋不轨的臣子也就无法掩饰他的奸诈，暴乱的阴谋就可以被阻止了。

5. 阅读下面《论语》中的文字及相关材料，回答问题。

①不仁者不可以久处约，不可以长处乐。仁者安仁，知者利仁。(《论语·里仁》)

②约，犹贫困也。夫君子处贫愈久，德行无变。若不仁之人久处约，则必斯滥为道，故不可久处也。乐，富贵也。君子富贵愈久，愈好礼不倦。若不仁之人久处富贵，必为骄溢也。辩行仁之中有不同也，若秉性自仁者则能安仁也，何以验之？假令行仁获罪，性仁人行之不悔，是仁者安仁也。智者，谓识昭前境，而非性仁者也。利仁者其见行仁者若于彼我皆利，则己行之；若于我有损，则使停止，是智者利仁也。(皇侃《论语义疏》)

③约，穷困也。利，犹贪也，盖深知笃好而必欲得之也。不仁之人，失其本心，久约必滥，人乐必淫。惟仁者则安其仁而无适不然，知者则利于仁而不易所守，盖虽深浅之不同，然皆非外物所能夺矣。(朱熹《四书章句集注》)

(1) 根据以上三则材料的内容，将下面句子翻译成现代汉语。

不仁者不可以久处约，不可以长处乐。

(2) 请借助以上三则材料的内容，说说孔子为什么认为“不仁者不可以久处约，不可以长处乐”。

【题解】

(1) 理解翻译题。弄清词义，理解关键词语是解题的关键。“不仁者”，没有仁德的人；“约”，穷困；“乐”，指富贵。

(2) 理解概括题。可结合材料二中的“若不仁之人久处约，则必斯滥为道……若不仁之人久处富贵，必为骄溢也”和材料三中的“不仁之人，失其本心，久约必滥，人乐必淫”进行总结概括。

【答案】

(1) 没有仁德的人不能长久地处于穷困之中，也不能长久地处于富贵之中。

（2）示例：不仁之人心中没有仁义道德，失其本心。当其处于长久的贫困中，不能像君子一样恪守德行，而会滥用手段，获得财富，故不可以久处约。当其处于长久的富贵中，不能像君子一样好礼不倦，而会性格骄溢，淫乱挥霍，故不能守住财富、长处于乐。

礼

1. 阅读下面《论语》中的文字，回答问题。

①子曰："人而不仁，如礼何？人而不仁，如乐何？"（《论语·八佾》）

②林放问礼之本。子曰："大哉问！礼，与其奢也，宁俭；丧，与其易也，宁戚。"（《论语·八佾》）

③子曰："礼云礼云，玉帛云乎哉？乐云乐云，钟鼓云乎哉？"（《论语·阳货》）

从中可以看出孔子对"礼"有怎样的认识？请简要概述。

【题解】

对"礼"的认识要结合章句进行，概述应简洁、准确、清晰。

【答案】

"礼"的本质是"仁"；如果没有发自内心的真诚仁爱，徒有奢华形式，"礼"就失去了意义。

2. 阅读下面《论语》中的文字，回答问题。

①子曰："人而不仁，如礼何？人而不仁，如乐何？"（《论语·八佾》）

②林放问礼之本。子曰："大哉问！礼，与其奢也，宁俭；丧，与其易也，宁戚。"（《论语·八佾》）

③宰我问："三年之丧，期已久矣。君子三年不为礼，礼必坏；三年不为乐，乐必崩。旧谷既没，新谷既升，钻燧改火，期可已矣。"子曰："食夫稻，衣夫锦，于女安乎？"曰："安。""女安，则为之。夫君子之居丧，食旨不甘，闻乐不乐，居处不安，故不为也。今女安，则为之！"宰我出，子曰："予[1]之不仁也！子生三年，然后免于父母之怀，夫三年之丧，天下之通丧也。予也有三年之爱于其父母乎？"（《论语·阳货》）

注释：【1】予：宰我的字。

（1）语录①②反映了孔子关于"礼"的哪些主张？请简要概括。

（2）语录③宰我与孔子对于"三年之丧"有不同的看法，你赞同谁的看法？请结合《论语》中的相关内容说明理由。

【题解】

（1）理解概括题。在准确理解章句语录的基础上，根据题目要求进行简要概括。第一则材料，抓住重点词"仁"，强调"仁"对"礼"的作用，第二则材料抓住关键词"戚"（内心伤悲），强调礼的根本不是外在的奢华与复杂，而应是内心的真情。

（2）分析评价题。语录③说的是宰我和孔子围绕丧礼应服几年的问题展开的争论。解答此题，首先要明确自己的观点，然后从材料中找出依据加以分析，并结合自己的体验和理解作答。

【答案】

（1）礼的基础是仁德；与外在形式相比，礼的根本在于真情实感。

（2）示例一：我赞同宰我的看法。为父母服丧三年，时间的确太长了，在这三年里，君子如果时间太久不去为礼乐，不行礼，不去习乐，就会导致礼崩乐坏。由上面两则材料可以看出，古人认为，礼的根本还是在于那颗恭敬之心，而不是只在一些事项上、形式上去遵循。如果没有恭敬心，没有孝心，只在形式上做，那个礼就不真实。

示例二：我赞同孔子的看法。乌鸦反哺，羊羔跪乳，动物尚且如此，身为万物之灵的人类更应报答父母的养育之恩。但是有些人简单地将孝理解为物质的回报，而不是情感的回报。物质方面的回报当然是必要的，但将孝道局限于此，这并不是真正的孝。真正的孝道是发自内心地替父母着想，尽心尽力地满足父母的需要。父母去世了，也应该为父母守三年丧，这是必不可少的，抛开这个去谈礼谈仁，都是没有根据的。

孝

1. 阅读下面《论语》中的文字，回答问题。

孟武伯问孝。子曰："父母唯其疾之忧。"（《论语·为政》）

（1）"父母唯其疾之忧"中的"其"字，有学者以为指"父母"，也有学者以为指"子女"，请根据以上两种不同解读，分别解释句意。

（2）上面两种解释中，哪一种对你更有人生启示的意义？简述你从中得到的人生启示。

【题解】

（1）解释句意题。《论语》中有不少多义章句，要注意认真研读和揣摩，再结合具体的语境理解句意。本题中的"其"字是第三人称，表示领位的代名词，相当于"他的""他们的"，指"父母"或"子女"，皆说得通。

（2）分析评价题。作答要有条理，呈分—总、总—分结构，一般包括三步：第一步：表明观点（通过筛选信息，点出孔子观点或儒家观点，并表明自己的态度）；第二步：分析文本（结合题中相关材料或《论语》中的其他语句进行分析）；第三步：联系实际进行评或析，要求有具体内容、有多层次分析。

本题谈启示，解答的关键是在理解句子大意的基础上，结合自己的体验谈感悟。基本思路：首先表明观点，然后写出得到的人生启示。

【答案】

（1）第一种解释：对父母，要特别担心他们的疾病。

第二种解释：父母只担忧子女的疾病。

（2）示例一：第一种解释更有人生启示的意义。父母生育我们、养育我们，我们做子女的应该多关心父母的健康，担忧他们的身体，以回报父母的养育之恩；父母是我们的精神支柱，只有我们孝顺父母，父母喜从心生，健康长寿，我们才能从父母处获得强大的精神力量，如此，我们奋进之途又有何忧？孝顺父母，父母安康，家庭祥和，天下和乐，人人尽享其乐，众忧自解，天地和谐。每个人都应爱自己的父母，希望自己的父母能够一生安康。

示例二：第二种解释更有人生启示的意义。父母爱自己的子女，无所不至，唯恐子女有疾病，子女应该体会到父母的这种心情，在日常生活中格外谨慎小心，这也是对父母的孝顺；子女应当爱护好自己的身体，不让父母为自己担心；绝不能让父母为自己的言行忧虑，他们所担心的只能是自己的健康，而非德行方面的问题。因此，倘若在德行上没有问题的话，保证好自身的健康，就是在尽最大的努力孝敬父母。

2. 阅读下面《论语》中的文字，回答问题。

①孟武伯问孝。子曰："父母唯其疾之忧。"（《论语·为政》）

②子游问孝。子曰："今之孝者，是谓能养。至于犬马，皆能有养；不敬，何以别乎？"（《论语·为政》）

③子夏问孝。子曰："色难。有事，弟子服其劳；有酒食，先生馔，曾是以为孝乎？"（《论语·为政》）

《论语》记录了孔子对弟子的很多教导。请从上面一组材料中概括孔子教导弟子要如何奉行孝道，并从中任选一点简析其在今天的意义。

【题解】

本题涉及两种题型：理解概括题和分析评价题。理解概括题，围绕核心词"孝"，仔细推敲关键词句。分析评价题，表明观点态度，联系现实生活谈意义作用。

【答案】

（1）孝道：①敬重父母；②对父母和颜悦色；③担忧父母的疾病（关心父母的健康）。

（2）意义：（示例）我认为敬重父母很重要，在当下也有着积极的现实意义。可怜天下父母心，父母不但生育了子女，还为子女的成长操碎了心，也许有时他们的关怀呵护显得有些唠叨，但是做子女的，不能因为一点小问题就使脸色，表现出不耐烦。我们要真心孝顺自己的父母，报答父母的养育之恩，就要管理好自己的情绪，对父母表现出足够的敬重，这样才能让父母少为自己操心，家庭也才能和睦。

3. 阅读下面《论语》中的文字，回答问题。

①子游问孝。子曰："今之孝者，是谓能养。至于犬马，皆能有养；不敬，何以别乎？"（《论语·为政》）

②子曰："事父母几[1]谏，见志不从，又敬不违，劳[2]而不怨。"（《论语·里仁》）

③曾子曰："慎终，追远，民德归厚矣。"（《论语·学而》）

注释：【1】几：轻微，婉转。【2】劳：忧愁。

（1）请解释"不敬，何以别乎"与"民德归厚"。

（2）综合以上材料，简述选文中提到的"孝"包括几方面内容，并就其中一点谈谈对你的启示。

【题解】

（1）说明解释题。要关注注解，仔细推敲关键词句。"敬"，严肃恭敬；"厚"，淳厚，忠厚。

（2）本题涉及两个题型：理解概括题和分析评价题。谈启示，应是对"认识"所说观点的进一步分析，包括理由、本质、意义、危害、现实针对性以及我们应该采取的态度、做法等。

本题谈启示，围绕其中一点，联系自己，深入具体即可。

【答案】

（1）不敬，何以别乎：对父母如果不心存恭敬，那和饲养犬马有什么区别呢？

民德归厚：民心归向淳厚。

（2）内容：①赡养父母时不仅在物质上要满足，更要发自内心地恭敬。②对父母提意见时，要委婉，即使不被采纳也要恭敬，虽然忧愁，但不冒犯怨恨。③父母去世时，要慎重对待，并发自内心地追念。

启示：（示例）我认为供养并尊重父母很重要，这是作为儿女的责任与义务。尊敬父母是做到“仁”的根本与前提，父母对我们有养育之恩，如果父母年龄大了，我们不去供养他们，何以报其养育之恩？这启示我在生活中要怀着感恩的心、尊敬的心对待父母，做孝敬父母、有能力供养父母的“仁者”。

4. 阅读下面《论语》中的文字，回答问题。

①子夏问孝。子曰：“色难。有事，弟子服其劳；有酒食，先生馔，曾是以为孝乎？”（《论语·为政》）

②子游问孝。子曰：“今之孝者，是谓能养。至于犬马，皆能有养；不敬，何以别乎？”（《论语·为政》）

③子曰：“事父母几（委婉）谏，见志不从，又敬不违，劳（忧愁）而不怨。”（《论语·里仁》）

（1）请概括以上三则材料中孔子认为在“孝道”中的正确态度。

（2）第③则材料中“不违”，有人解释为“不违背其父母”，有人解释为“不违背其最初的‘几谏’之意”，你认为哪一种解释更合理？请结合材料及孔子的思想简要说明理由。

【题解】

（1）解答此题需要准确翻译理解章句内容，特别是对章句要点的具体把握，这是关键所在。①“色难”，意思是做到和颜悦色是最难的；②“不敬”，即不敬重；③“事父母几（委婉）谏”，“又敬不违，劳（忧愁）而不怨”，指父母如有过错缺点，子女劝说态度要委婉含蓄，恭敬不违，愁而不怨。

（2）解答此题首先需要表明观点，再结合所给材料及孔子的思想进行分析，可紧密联系社会现实生活，谈自己的深切体会和感悟。

【答案】

（1）对待父母要始终和颜悦色；“孝”要由心生，对待父母要有恭敬的态度；对于父母之过，劝谏要委婉；要任劳任怨。

（2）示例一：我认为第一种解释更为合理。因为此则材料是说我们要孝敬父母，就不应该违背父母的意愿，要顺从父母，即使让自己感到忧愁困惑也不抱怨，符合孔子认为“孝”要由衷地恭敬的观点。

示例二：我认为第二种解释更为合理。因为此则材料是说在孝敬父母的时候，对父母之过不能置之不理，要委婉地进行劝谏，不能唐突了父母，这才是孝子最深切的表现，符合孔子认为“孝”要符合道义的观点。

5. 阅读下面《论语》中的文字，回答问题。

①子曰：“事父母几[1]谏。见志不从，又敬不违，劳而不怨。”（《论语·里仁》）

②子贡问友。子曰：“忠告而善道[2]之，不可则止，毋自辱焉。”（《论语·颜渊》）

注释：【1】几：轻微，婉转。【2】道：引导。

（1）“劳”有“劳累”和“忧虑”的意思，材料中“劳而不怨”的“劳”的意思应该是________。

（2）综合以上材料，简述孔子在劝告父母和朋友方面的共同原则，并简要谈谈你对此的看法。

【题解】

（1）理解实词“劳”的意思，结合语境此处表达的是情感，可推知答案。

（2）本题涉及两种题型：理解概括题和分析评价题。理解概括，根据两句话中的共同点“敬不违”“不可则止”提炼共同原则即可。分析评价，要写出自己的认识、态度、观点和看法。看法可以赞同也可以不赞同。赞同就是要尊重他人自主选择的权利，不把自己的意志强加于人。如果反对，可从做人要真诚、知无不言言无不尽才是对待亲人朋友的本分角度分析，言之成理即可。

【答案】

（1）忧虑。

（2）原则：自己的意见不被接受就不再劝说。

看法：（示例）我赞同孔子“自己的意见不被接受就不再劝说”的原则。这是对待别人的一个基本准则，是对别人作为主体的一种承认和尊重，是一种为人处世的智慧。每个人都有自主选择的权利，不把自己的意志强加于人，是多元价值观念的合理选择。同时，这样做也可以避免让自己难堪，免受其辱，于人于己皆有好处。

忠、恕

1. 阅读下面《论语》中的文字，回答问题。

子贡曰：“如有博施于民而能济众，何如？可谓仁乎？”子曰：“何事于仁，必也圣乎！尧舜其犹病诸！夫仁者，己欲立而立人，己欲达而达人。能近取譬，可谓仁之方也已。”（《论语·雍也》）

有人将画线句的含义解读为“仁者要自立自达，也要立人达人”，也有人解读为“仁者要自立自达，必先立人达人”。你赞同哪一种解读？请从以下几则《论语》中选择参考依据，简要阐述理由。

①樊迟问仁。子曰：“爱人。”（《论语·颜渊》）

②子路曰：“桓公杀公子纠，召忽死之，管仲不死。”曰：“未仁乎？”子曰：“桓公九合诸侯，不以兵车，管仲之力也。如其仁！如其仁！”（《论语·宪问》）

③子路问君子。子曰：“修己以敬。”曰：“如斯而已乎？”曰：“修己以安人。”曰：“如斯而已乎？”曰：“修己以安百姓。修己以安百姓，尧舜其犹病诸！”（《论语·宪问》）

④子曰：“君子求诸己，小人求诸人。”（《论语·卫灵公》）

【题解】

这是一道阐述理由题。解答此题首先需要表明观点，再结合所给材料进行分析，谈自己赞同的理由。解读一，强调二者兼顾并重，是并列关系（阐释为自立自达是基础前提，自立自达后才能去立人达人，亦可）；解读二，强调先人后己，是条件关系。两种解读均需从所给材料中找到支撑，只要明确了“自立”与“立人”的关系，阐述分析紧扣这个关系即可。

【答案】

示例一：我赞同“仁者要自立自达，也要立人达人”这一解读。这一解读强调二者兼顾，即仁者自己要立达也要让他人立达，爱己也要爱人，这是推己及人的思想，是孔子一贯主张的“仁”的具体体现。正如孔子所说，君子要修己以敬，修己以安人，修己以安百姓。君子要爱护自己，提升自身修养，做人做事时恭敬认真；君子也要使他人和天下百姓安乐。既要注重自己修养的提升，又要让百姓安乐，二者要兼顾，才算得上真正的仁人君子。

示例二：我赞同“仁者要自立自达，必先立人达人”这一解读。这一解读强调“自立自达”与“立人达人”二者之间的先后关系，即要先人后己，仁者“立人达人”是“自立自达”的前提条件。正如孔子所说，君子要修己以敬，修己以安人，修己以安百姓。君子要爱护自己，提升自身修养，做人做事时恭敬认真；而君子提升自己修养的目的是使他人和天下百姓安乐。要成为仁人君子，就要看他的作为能否“立人达人”、有益于天下百姓。

2. 阅读下面《论语》中的文字及相关材料，回答问题。

①子曰：“所谓大臣者，以道事君，不可则止。”（《论语·先进》）

②子张问政。子曰：“居之无倦，行之以忠。”（《论语·颜渊》）

③孔子曰：“危而不持，颠而不扶，则将焉用彼相矣？”（《论语·季氏》）

（1）从上面三则语录中任选一则，解释句意。

（2）结合这则《论语》和下面一则短文，谈谈你对“忠”的理解。

链接材料：

人称之曰“伊、吕[1]”，以其道相近、心一而功同也。余以为伊、吕之功同，其道、其心则异。其君无道，其国将必亡，在畎亩之中，不以其君无道而遂忘其君，不以其国将必亡而遂弃其国，五往就之，见其君，进其说，欲其君之克念其国之不亡，夏未泯祀，伊尹之心也。其君无道，其国将必亡，遂弃其国，晏安坐于磻溪之中，忍其君不道，俟其国将亡者，吕望之心也。然伊尹卒不得见听，桀卒不能知善，夏卒不能复存，终归于汤，而放桀灭夏。先就其君而君不从，不忍其民之涂炭，然后归汤，得君子去就之道矣。向若桀能纳伊尹之谋，克念作圣，夏之祀未殄矣。望之心曷尝及于此乎？君暴虐于上，民涂炭于下，国之祀日且坠矣，不一起往说其君，救其民，存其国祀，直以归于文王，佐武伐纣灭商。望之心不如伊尹之心，望之道不若伊尹之道万分之一。纣有悔乱改过之心，以望为太公，黜其恶改而从于善，商之社未迁矣。惜乎望之不一往也。

（取材于宋·石介《伊吕论》）

注释：【1】吕：指吕望，姓姜，名尚，字子牙。周朝政治家、军事家，辅佐周武王讨伐商纣。

【题解】

（1）解释句意题，从三则语录中任选一则。①孔子说：“大臣，应该用大道（道理、道义、仁道）来侍奉君主，如果行不通，就可以辞职不干（不做、不侍奉）。”②子张问怎样治理政事。孔子说：“居于职位不要厌倦懈怠，实施政令要尽心尽力（出于忠心）。”③见答案示例。

（2）审准题干，将“这则《论语》”“一则短文”“对‘忠’的理解”落实到位。

三则《论语》关于“忠”的侧重点不同：①忠于正道（目的）。忠君与忠道相矛盾时，取忠于正道。正道是爱人、爱民，以百姓为先、为急。②尽职尽责，尽心尽力（态度）。勤勉做事，不懈怠。③扶危济困（关键时刻起作用）。在家国、百姓、君主危困之时，要迎难而上，担当负责。因石文是谈伊尹言行符合君子去留之道，故分析时要注意短文事例与《论语》内涵、角度的一致性。

【答案】

（1）示例：选第三则。孔子说："遇到危难不扶持，快要倾倒不扶助，那要那些帮忙的人（任用他们做相、做官）有什么用呢？"

（2）理解：（示例）这则《论语》指出，臣子之"忠"应尽己所能，不可推卸自身应承担的责任。正如石文中的伊尹，在君无道、国将亡的情况下五次劝谏，没有在危急时刻回避问题、推卸责任，尽到了臣子应尽之责。这就是"忠"的含义。

【链接材料参考译文】

人们将"伊、吕"并称，认为他们的志向追求相近、为臣之心一致并且功劳相同。我认为伊、吕的功劳相同，志向追求和为臣之心却不同。（如果）君主不行正道，国家就要灭亡，（伊尹即使出身）于田间，（也）不会因为君主不行正道就背弃君主，不会因为国家将要灭亡就背弃国家，五次前去投奔（君主），拜见君主，（向君主）进言，想要（让）君主克制（自己的）欲念，（使）国家不灭亡，（使）夏朝不灭亡，（这是）伊尹的为臣之心。君主不行正道，国家将要灭亡，于是背弃国家，安逸地坐在磻溪旁，狠心看着君主不行正道，等待国家灭亡，这是吕望的为臣之心。但是伊尹（的进言）并没有被采纳，桀最终不能懂得正道，夏朝最终不能保存，（伊尹）最终投靠了汤，放逐桀灭掉夏朝。（伊尹）最初投奔桀，但是桀（并）不听信（他），（伊尹）不忍心（让）百姓处于困境中，这之后投奔了汤，（伊尹的行为）符合君子进退的道义。假如桀能够接受伊尹的策略，克制私欲，仿效圣人，夏朝也不会灭亡。吕望的为臣之心哪到得了这种程度？君主在高位凶恶残酷，百姓在低位困苦不堪，国家的运势一天天地衰弱，（他）不立即前去劝说君主，拯救百姓，延续国运，（却）直接投奔了文王，辅佐武王伐纣灭商。吕望的为臣之心比不上伊尹的为臣之心，吕望的志向追求比不上伊尹志向追求的万分之一。纣王（如果能）后悔自己的行为、有改正过失的心理，让吕望担任太公，消除恶念改过从善，商朝（也许）不会灭亡。吕望没有（为此）奔走一次（实在）太可惜了。

3. 阅读下面《论语》中的文字，回答问题。

①子曰："主忠信，毋友不如己者，过则勿惮改。"（《论语·子罕》）

②哀公问："弟子孰为好学？"孔子对曰："有颜回者好学，不迁怒，不贰过。不幸短命死矣！今也则亡，未闻好学者也。"（《论语·雍也》）

③子曰："加我数年，五十以学《易》，可以无大过矣。"（《论语·述而》）

（1）请解释"主忠信，毋友不如己者"。

（2）结合以上三则材料，概括回答孔子对于"过"有哪些认识，并就其中一点谈谈对你的启示。

【题解】

（1）说明解释题。仔细推敲关键词句。"主"，以……为主；"友"，以……为友。

（2）围绕几则材料中有关"过"的语句进行归纳概括，并就其中一点谈对自己的启示。

【答案】

（1）要以忠信两种道德为主，不要与不如自己（不忠不信）的人交朋友。

（2）孔子认为：犯了错误，要勇于改正；不要重复犯同样的过错；不断学习经典，可以不犯大错。

启示：（示例）孔子"过则勿惮改"的观点，对我们具有重要的意义。人非圣贤孰能无过，无论从事什么行业，做什么事，犯错误都在所难免，但犯错误并不可怕，只要勇于改正就可以。过而能改，善莫大焉，让我们做一个敢于正视错误并能改正错误的人！

4. 阅读下面《论语》中的文字，回答问题。

①子路问事君。子曰："勿欺也，而犯之。"（《论语·宪问》）

②子曰："事父母几[1]谏，见志不从，又敬不违，劳[2]而不怨。"(《论语·里仁》)

注释：【1】几（jī）：轻微，婉转。【2】劳：忧愁。

（1）请从你所知道的古代事例中为章句①找出一个实例，并解释理由。

（2）请提炼章句①②里包含的孔子的思想主张。

【题解】

（1）解文助读题。解文包括文外互解和文内助解两种。文外互解，包括以事解文、以理解文和以情解文等。文内助解，包括同义互解、对义互解、连义互解、虚实互解和宾主互解等。

解答此题，首先准确理解章句，然后从古代事例中找出一个实例，并解释理由。

（2）准确理解章句，提炼孔子的思想主张，每点须含思想加解说。

【答案】

（1）示例一：苏安恒犯颜直谏。武则天时期，大臣苏安恒在"大臣畏祸无敢言"的情况下，挺身而出，直谏太后忌讳的"让东宫"一事，足见他是以"勿欺""犯之"事君的。

示例二：触龙说赵太后。触龙在群臣劝谏无果，赵太后宣言说谁再劝谏"老妇必唾其面"的情形下，入而徐趋，以拉家常的方式劝赵太后让太子到齐国做人质，"为之计深远"，足见他是以"勿欺""犯之"事君的。

（2）①忠义诚信的思想。"勿欺"为义，"犯之"显忠。②进言之道，主张言而有别。进言采用什么样的方法要因对象、目的而异。③"敬事父母"的为孝之道。侍奉父母要尊重、听从，即使他们有不对的地方也要委婉劝止，即使自己的心意没被听从也不要怨恨。

5. 阅读下面《论语》中的文字，回答问题。

子曰："参乎！吾道一以贯之。"曾子曰："唯。"子出。门人问曰："何谓也？"曾子曰："夫子之道，忠恕而已矣。"(《论语·里仁》)

"吾道一以贯之"中的"道"，指的是什么？曾子如何解释孔子所说的"道"？结合《论语》中的相关内容，谈谈你对孔子的"道"是怎么理解的。

答题中可参考以下各句中的部分内容：

①颜渊问仁。子曰："克己复礼为仁。"(《论语·颜渊》)

②子曰："……夫仁者，己欲立而立人，己欲达而达人。"(《论语·雍也》)

③子贡问曰："有一言而可以终身行之者乎？"子曰："其'恕'乎。己所不欲，勿施于人。"(《论语·卫灵公》)

④樊迟问仁。子曰："居处恭，执事敬，与人忠。虽之夷狄，不可弃也。"(《论语·子路》)

【题解】

本题是考查对文本内容的理解和对人物观点的评价。结合题干，找准观点所在位置，准确理解其含义，并根据题干所给观点结合自己的思想进行评价。

【答案】

第一问："吾道一以贯之"中的"道"，指"仁（仁道）"。

第二问：曾子将孔子所说的"道"，解释为"忠"和"恕"。

第三问：（示例）我认为孔子所说的"道"，是指做人的道理。一个人如果能做到克制自己的欲望，为人着想，不把自己不想要的强行施加给别人，能在自己通达时也想着让别人通达，那就是一个"仁"人。

6. 阅读下面《论语》中的文字，回答问题。

①子曰："参乎！吾道<u>一以贯之</u>。"曾子曰："唯。"子出，门人问

曰："何谓也？"曾子曰："夫子之道，忠恕而已矣。"(《论语·里仁》)

②子张问曰："令尹子文三仕为令尹，无喜色；三已之，无愠色。旧令尹之政，必以告新令尹。何如？"子曰："忠矣。"曰："仁矣乎？"曰："未知，焉得仁？"(《论语·公冶长》)

③子贡问曰："有一言而可以终身行之者乎？"子曰："其'恕'乎！己所不欲，勿施于人。"(《论语·卫灵公》)

（1）请解释"一以贯之"与"一言而可以终身行之"。

（2）综合以上材料，简述"夫子之道"的内涵，并就其中一点谈谈其现实意义。

【题解】

（1）说明解释题。抓住关键词句仔细推敲，表达通顺即可。

（2）找出各章句共同的部分，进行简要概述，并就其中一点谈其现实意义。

【答案】

（1）一以贯之：贯穿着一个基本观念。

一言而可以终身行之：一句可以终身奉行的话。

（2）内涵：夫子之道的内涵就是"忠"和"恕"。"忠"就是尽全力做自己应该做的事情，"恕"就是自己不想要的不要强加给别人。

意义：示例一："忠"在现实生活中具有积极的现实意义，勉励人们竭尽全力做好本职工作。

示例二："恕"在现实生活中具有积极的意义，引导人们换位思考，关注他人的利益或者感受等。

7. 阅读下面《论语》中的内容，回答问题。

①樊迟问仁。子曰："爱人。"(《论语·颜渊》)

②子曰："出则事公卿，入则事父兄，丧事不敢不勉，不为酒困，何有于我哉？"(《论语·子罕》)

③子曰："《书》云：'孝乎惟孝，友于兄弟，施于有政。'"（《论语·为政》）

④子曰："参乎！吾道一以贯之。"曾子曰："唯。"子出，门人问曰："何谓也？"曾子曰："夫子之道，忠恕而已矣。"（《论语·里仁》）

⑤子贡问曰："有一言而可以终身行之者乎？"子曰："其'恕'乎！己所不欲，勿施于人。"（《论语·卫灵公》）

上面所选内容，蕴含了儒家重要思想，请从中任选两个角度进行归纳概括。

【题解】

理解概括题。解题步骤可以概括为：明确概括要求—划定信息筛选的范围—按要求提取信息并进行概括。①关于仁，孔子说是"爱人"。②"出则事公卿"，即在外为政就得恪尽职守，此为"忠"。"入则事父兄"，说的是在家就得尽心尽力地孝敬父母，友爱兄弟姐妹，此为"孝"。"丧事不敢不勉"，即参加丧葬之事要尽心竭力，尽量做得周到细致，此为"敬"。"不为酒困"，即不沉湎于酒精，此为"慎"。③孔子一直看重孝道价值，并把它提高到治国方略的地位，认为将友爱、孝顺之心延及社会事务之中，就是在完善政治。④⑤在孔子的思想体系中，忠恕之道占有极为重要的地位，"忠"则能得到朋友的信任，"恕"则能处理好与朋友的矛盾、过失，可以说，行忠恕之道就是行仁道。

【答案】

①爱人的思想。樊迟问仁。子曰："爱人。"是"泛爱众"之"仁"。"仁"由"爱亲"扩大到真的"爱人"，具体就是扩大到"爱"平民和奴隶。

②孝悌的思想。"出则事公卿，入则事父兄"，"孝乎惟孝，友于兄弟，施于有政"，《论语》的孝悌不仅指对父母、兄弟遵从，还包括对公卿、君王的忠从。

③忠恕的思想。"夫子之道，忠恕而已矣。"曾参对孔子精神的正确传承，表明"恕"和"忠恕"在本质上是统一的，就是宽恕和忠诚。"其'恕'乎！己所不欲，勿施于人。"

志

1. 阅读下面《论语》中的文字，回答问题。

①子曰："吾十有五而志于学，三十而立，四十而不惑，五十而知天命，六十而耳顺，七十而从心所欲，不逾矩。"(《论语·为政》)

②子曰："志于道，据于德，依于仁，游于艺。"(《论语·述而》)

③颜渊、季路侍。子曰："盍各言尔志？"子路曰："愿车马衣轻裘与朋友共，敝之而无憾。"颜渊曰："愿无伐善，无施劳。"子路曰："愿闻子之志。"子曰："老者安之，朋友信之，少者怀之。"(《论语·公冶长》)

请综合以上材料，分别简述孔子及其弟子的"志"包含哪些内容，并就其中一人之志谈谈对你的启示。

【题解】

正确理解各章的关键词语，如"敝"，破旧，破烂；"伐"，自夸，夸耀；"施"，表白。在把握句意的基础上，以材料③为主要文本依据，分别就子路、颜渊、孔子的"志"进行简要概述，并就其中一人之志谈对自己的启示。

【答案】

（1）子路的志向是"义者之志"，重朋友之义；颜渊的志向是"谦者之志"，重自我修养；而孔子的志向则是"仁者之志"。孔子的志向是让老者得以安养，让朋友以诚相待，让少者得到关爱。包含遵守道德规范、真诚、谦和有礼、尊老爱幼等内容。

（2）孔子志向的启示：（示例）孔子自然流露出造福他人、各得其所的仁者之怀，境界最高。其高尚的人格与宽宏的怀抱，足以作为我们的楷模。我们在现实生活中也要注意加强自己的道德修养，使自己成为一个可以让人信任的朋友，可以让人放心的君子。

2. 阅读下面《论语》中的文字，完成（1）—（2）题。

①颜渊季路侍。子曰："盍各言尔志？"子路曰："愿车马衣轻裘与朋友共，敝之而无憾。"颜渊曰："愿无伐善，无施劳。"子路曰："愿闻子之志。"子曰："老者安之，朋友信之，少者怀之。"（《论语·公冶长》）

②子路问君子。子曰："修己以敬。"曰："如斯而已乎？"曰："修己以安人。"曰："如斯而已乎？"曰："修己以安百姓。修己以安百姓，尧舜其犹病诸！"（《论语·宪问》）

（1）根据第①则章句，简要说明子路、颜渊的"志"各是什么，由此体现了人物怎样的特点。

（2）"老者安之，朋友信之，少者怀之"，有的学者译为"使老年人安逸，使朋友信任我，使年轻人怀念我"，有的学者译为"老年人得到安顿，朋友间相互信任，年轻人得到关怀爱护"。你认为哪种译法更好？请加以比较，并结合第②则章句简要说明理由。

【题解】

（1）正确理解关键词句，结合章句内容对"志"进行简要说明，在此基础上归纳概括出人物特点。

（2）阐述理由题。首先要表明态度，"哪种译法更好"，没有对错之分，但要有认知倾向。要清楚这句话谈的是孔子的志，"第②则章句"的内容应有说明，简要说明理由要有比较意识。

【答案】

（1）①子路的"志"是愿意把自己的车马衣服与朋友共同使用，体现了他的慷慨重义。

②颜渊的"志"是不夸耀自己的好，不表白自己的功劳，体现了他的谦虚恭谨。

（2）示例一：第一种译法表明孔子志在成为一个能使人信任、怀念的人，体现出他对自我的严格要求；第二种译法表明孔子志在实现老有所安、幼有所养的大同社会，体现了他对理想社会的憧憬。儒家强调修身从“修己”开始，然后达到“安人”“安百姓”的境界，对自我严格要求是立身处世的基础，因此第一种译法更好。

示例二：第一种译法表明孔子志在成为一个能使人信任、怀念的人，体现出他对自我的严格要求；第二种译法表明孔子志在实现老有所安、幼有所养的大同社会，体现了他对理想社会的憧憬。儒家认为“修己”只是开始，须逐步教化影响身边的人，进而将仁德推行于天下，使百姓安居乐业，因此第二种译法更好。

勇

1. 阅读下面《论语》中的文字，回答问题。

①子谓颜渊曰：“用之则行，舍之则藏，惟我与尔有是夫！”子路曰：“子行三军，则谁与？”子曰：“暴虎冯河，死而无悔者，吾不与也。必也临事而惧，好谋而成者也。”（《论语·述而》）

②子路曰：“君子尚勇乎？”子曰：“君子义以为上。君子有勇而无义为乱，小人有勇而无义为盗。”（《论语·阳货》）

③子曰：“君子道者三，我无能焉：仁者不忧，知者不惑，勇者不惧。”子贡曰：“夫子自道也。”（《论语·宪问》）

（1）孔子为何说“吾不与也”？上述文字阐明的孔子主张的“勇”是什么？

（2）勇者何以不惧，有人用孔子答司马牛的“内省不疚”为答案，你同意吗？请说明。

司马牛问君子。子曰：“君子不忧不惧。”曰：“不忧不惧，斯谓之君子已乎？”子曰：“内省不疚，夫何忧何惧？”（《论语·颜渊》）

【题解】

（1）说明“不与”的原因，阐述“勇”的内涵（是什么，与义的关系，要怎么做）。

（2）首先表明态度，然后谈对“勇”的理解，对“内省不疚”的认识，揭示出它们之间的内在逻辑关系。

【答案】

（1）“暴虎冯河，死而无悔”是冒险蛮干、有勇无谋，不可取。

孔子认为勇与仁、知（智）共为君子的品德，勇以义为前导（勇合乎道义，以义为根本、前提，以义来约束等），要有谋而为。

（2）示例：同意。孔子认为“勇”是君子应具有的一种品德。“内省不疚”指君子反省平日所为无愧于心，着眼于对内在生命的思考，是内修勇德的一种表现，可以做“勇者何以不惧”的答案。

直

1. 阅读下面《论语》中的文字，回答问题。

①子曰：“人之生也直，罔之生也幸而免。”（《论语·雍也》）

②哀公问曰：“何为则民服？”孔子对曰：“举直错诸枉，则民服；举枉错诸直，则民不服。”（《论语·为政》）

③子曰：“恭而无礼则劳，慎而无礼则葸，勇而无礼则乱，直而无礼则绞。君子笃于亲，则民兴于仁；故旧不遗，则民不偷。”（《论语·泰伯》）

④子曰：“狂而不直，侗而不愿，悾悾而不信，吾不知之矣。”（《论语·泰伯》）

⑤或曰：“以德报怨，何如？”子曰：“何以报德？以直报怨，以德报德。”（《论语·宪问》）

（1）概括“直”字的几种释义。

（2）结合语句，联系现实，谈谈孔子认为的“直”带给你的启示。

【题解】

（1）要结合具体句子的含义及语境来分析。①中“直”是修饰“人之生”的，即人生态度或人的品格，可解释为“正直”。②中“直”做“举”的宾语，应当是被推举的对象，即“正直的人”。③中“直”是与“恭”“慎”“勇”相对应的，且与“无礼”有关，应当是“直率”。④中“直”是与“愿”“信”相对应的，应当是一种品格，即“正直”。⑤中“直”是与“怨”相反的，且与“德”对应，应当是“公平”。由此可概括“直”有三种含义。

（2）要在理解孔子思想观点的基础上，联系实际思考其价值和意义。如第一则，孔子认为“直”是生存的根基，一个人只有具备了正直的品德，才会严格要求自己，不谋私利，不刻意隐瞒自己的观点，更不会偷奸耍滑，故意阿谀奉承他人。这种人在处理事情的时候，敢于主持公道，伸张正义，不怕别人的打击报复，他们是在堂堂正正地做人。这样的人问心无愧，是我们学习的榜样。

又如最后一则的“以直报怨”，孔子探讨的是如何对待他人的问题，具体地说，是别人对我们好的时候，我们该怎么对待他；别人对我们不好的时候，我们又该怎么对待他。所谓以直报怨，就是在对待那些对自己不好的人时，以直道而行。分析他们为什么对自己不好：如果是自己的问题，就去修正自己的行为；如果是对方的问题，我们也没有必要委屈自己讨好别人，事情该怎样处理就怎样处理。孔子所提倡的“以直报怨”，是用公正的、直率的、光明磊落的方法，正确面对那些对自己不满或有抱怨的人，既不能冤冤相报，也不能姑息养奸。

【答案】

（1）正直（的人）。②直爽（坦白、爽快、直率）。③公平（刚直不屈）。

（2）启示：示例一：孔子认为，人应当凭借正直的品格立世。正直的人会有自己的处事原则，能公平公正地对待人和事，不怕惹麻烦，这样的人才无愧于天地，久而久之也会被多数人认可。我们应当做这样的人。

示例二：孔子“以直报怨”的观点对我们处理人际关系有很重要的启示。当别人对我们有不满的时候，我们应当多从自身寻找原因，然后去修正自己的行为；当有人刻意为难我们的时候，我们也应当用公平的方法去处理，不必刻意讨好。这才是处理矛盾最正确的做法。

文、质

1. 阅读下面《论语》中的文字，回答问题。

①子夏问曰："'巧笑倩兮，美目盼兮，素以为绚兮。'何谓也？"子曰："绘事后素。"（《论语·八佾》）

②宰予昼寝。子曰："朽木不可雕也，粪土之墙不可圬也；于予与何诛？"子曰："始吾于人也，听其言而信其行；今吾于人也，听其言而观其行。于予与改是。"（《论语·公冶长》）

③子曰："质胜文则野，文胜质则史。文质彬彬，然后君子。"（《论语·雍也》）

④子曰："饭疏食饮水，曲肱而枕之，乐亦在中矣。不义而富且贵，于我如浮云。"（《论语·述而》）

结合上面孔子的话语（可选其中一则或多则），谈谈你对语言"文""质"及其关系的认识。

【题解】

理解概括题。从"语言"的角度理解"文""质"的内涵，谈"文"与"质"的关系。结合所给《论语》材料来谈，一则或多则均可。如有其他角度，言之成理，亦可。

【答案】

示例：我认为好的语言应当是"文质彬彬"的。"文"指文采，"质"指质朴，二者均衡协调，生动但不浮夸，准确但不乏味，才是好的语言。子夏请教《诗经》蕴含的道理，孔子以绘画作比解答，典雅、形象而又简洁、含蓄。批评、教育弟子，孔子先以形象比喻出之，直率、严厉但不粗陋；继而从起居小事中阐发，语言平易而又含义深远。孔子言志，也是以诗意的生活画面和形象的比喻表达安贫乐道的人生追求。孔子的语言，典雅不枯燥，生动不浅俗，含蓄不晦涩，准确不乏味，可谓"文质彬彬"的典范。

2. 阅读下面《论语》中的文字，回答问题。

①子曰："质胜文则野，文胜质则史。文质彬彬，然后君子。"（《论语·雍也》）

②棘子成曰："君子质而已矣，何以文为？"子贡曰："惜乎夫子之说君子也！驷不及舌。文犹质也，质犹文也，虎豹之鞟[1]犹犬羊之鞟。"（《论语·颜渊》）

注释：【1】鞟（kuò）：去毛的兽皮。

（1）文中画线句，有人断句为"惜乎 / 夫子之说 / 君子也"，有人断句为"惜乎 / 夫子之说君子也"，请根据以上两种不同的断句方法，分别解释句意。

（2）阅读以上两则材料，请用自己的话概括儒家对"质"和"文"关系的认识，并选择某一个领域（文学、艺术、教育等），结合实例谈谈你的思考。

【题解】

（1）解释句意题。《论语》中有不少多义章句，要注意认真研读和揣摩，本题是因断句不同造成的多义。第一种断句中的"说"是名词，意为学说、看法、说法、言论、（所说的）话等，句子是判断句。第二种断句中的"说"是动词，意为谈论、评价、解说、看待等，"惜乎"为谓语，句子是倒装句。

（2）第一问是理解概括题，概括"质"和"文"二者之间的关系。第二问是分析评价题，要求选择某一领域举出实例加以分析，其中例子要具体（落实具体对象）、恰切（对应文质恰当），分析"质"和"文"的关系要有逻辑，认识到位。

【答案】

（1）先生的话出自君子之口，可惜说错了。

先生这样谈论君子，可惜说错了。

（2）认识："质""文"同等重要（相辅相成、互相依存）。

思考：示例一："文"意为修饰，"质"则为质朴。儒家认为这二者相互协调，相辅相成，缺一不可。然而我认为“质”虽重要，但“文”起到了区分水平的作用。文学创作也是如此，深刻的思想立意为“质”，精彩的表达效果则为“文”。经典名著《红楼梦》以众女子曲折的命运表现世事无常、繁华转头空的深刻内涵，跌宕的情节，细腻的文笔也为思想添彩，“文质彬彬”才能抓住读者，令人回味无穷。

示例二：儒家认为“质”和“文”二者紧密相连，同等重要，缺一不可。从艺术上说，一个伟大的作品，既要有内在的精神内涵，也要有外在的艺术美感，是内容与形式的完美统一。像贝多芬的《欢乐颂》，既有祝愿天下、歌颂与期望人间美好的情感主旨，也有音乐表现上的震撼与美妙，可谓文质彬彬，因而流传于世。反观如今一些音乐作品，或只重文而不重质，或只重质而不重文，难以成为永世流传的经典佳作。

3. 阅读下面《论语》中的文字，回答问题。

①子曰：“质胜文则野，文胜质则史。文质彬彬，然后君子。”（《论语·雍也》）

②棘子成曰：“君子质而已矣，何以文为？”子贡曰：“惜乎，夫子之说君子也！驷不及舌。文犹质也，质犹文也。虎豹之鞟犹犬羊之鞟。”（《论语·颜渊》）

③圣贤书辞，总称文章，非采而何？夫水性虚而沦漪结，木体实而花萼振，文附质也。虎豹无文，则鞟同犬羊；犀兕有皮，而色资丹漆，质待文也。（刘勰《文心雕龙·情采》）

（1）上述《论语》选段和《文心雕龙·情采》中的“文”“质”各指什么？

（2）比较二者在“文”“质”关系上观点的异同。

【题解】

（1）说明解释题。准确理解句意，结合语境解释即可。

（2）理解概括题。围绕“文”与“质”的关系，谈出相同点和不同点。

【答案】

（1）《论语》中的“文”是文采与文饰，“质”为质朴；《文心雕龙·情采》中的“文”与“质”分别指文学作品的形式与内容。

（2）相同：都认为“文”与“质”应该是辩证统一的。孔子和子贡都认为文质兼备，方为君子；刘勰认为文依附于质，质也依赖于文。

不同：《论语》侧重在文化教养和道德品质层面。孔子与子贡认为君子应该既讲究文采等外在的修饰，又要有内在的仁德，内外兼修，缺一不可。刘勰将孔子“质”与“文”的观念援引至文学，表达为“情”“采”，用来阐释文学作品的内容与形式的关系，内容与形式互为依存、密不可分。

言

1. 阅读下面《论语》中的文字，回答问题。

①子曰：“巧言令色，鲜矣仁！”（《论语·学而》）

②孔子曰：“不知命，无以为君子也；不知礼，无以立也；不知言，无以知人也。”（《论语·尧曰》）

③子曰：“古者言之不出，耻躬之不逮也。”（《论语·里仁》）

综合以上材料，概括回答孔子对于“言”有哪些认识，并就其中一点谈谈你受到的启发。

【题解】

首先要准确把握每则材料的意思，进行上位概念的概括提炼，即言要真诚实在，言是品行的外化，应慎言。

【答案】

认识：①花言巧语不是仁德的表现，仁德之人不应花言巧语，言要真诚实在。②言是品行的外化，言行是评价一个人为人做人的方式，不知他人的言行也就无法更好地认识其为人。③古代有仁德之人不随意说话，生怕说出的话不能践行，孔子强调要谨言慎行，言行一致，言出必行。

启发：（示例）“古者言之不出，耻躬之不逮也”，古者身上那种因害怕自己的话不能实践，追求言出必行的态度是我们每个人应当追求的。比起只会说大话、喊口号而不付出行动的人，做到心口一致、言出必行才是一个人成为君子、成为有德行之人的前提。

2. 阅读下面《论语》中的文字，回答问题。

①子曰：“辞，达而已矣。”（《论语·卫灵公》）

②子曰：“可与言而不与之言，失人；不可与言而与之言，失言。知者不失人，亦不失言。”（《论语·卫灵公》）

③子曰：“其言之不怍也，则为之也难。”（《论语·宪问》）

请用自己的话分别概括以上三则语录中孔子对言语的看法，并选择其中一则，结合你的言语生活作简要分析。

【题解】

解答时首先抓住主要概念理解作者的观点态度，再联系实际思考其思想在当今时代的价值。

【答案】

看法：第一则，言语能够达意即可；第二则，言语表达要选择恰当的对象；第三则，不能夸夸其谈，要言行一致。

分析：（示例）选择第二则材料。和朋友相处时，遇到他有做得不对的地方，要勇于指出他的过失，即使当时他不理解，但是过后他会明白你的良苦用心，朋友之间的友情会更加牢固；如果你怕惹他生气而不去规劝他，那么有一天当他明白过来，是会怨恨你的，这样你反而失去了这个朋友。

3. 阅读下面《论语》中的文字，回答问题。

①子曰：“君子欲讷于言而敏于行。”（《论语·里仁》）

②子曰：“古者言之不出，耻躬之不逮也。”（《论语·里仁》）

③司马牛问仁。子曰："仁者，其言也讱[1]。"曰："其言也讱，斯谓之仁已乎？"子曰："为之难，言之得无讱乎？"(《论语·颜渊》)

注释：【1】讱（rèn）：说话迟钝。

（1）根据第①则语录，用自己的话概括孔子在"言"与"行"的关系上的主张。

（2）请结合第②、③则语录，分析孔子这样主张的原因。

【题解】

（1）理解概括题。解答此题，要围绕"言"与"行"的关系，准确理解句意，然后归纳概括孔子的主张。

（2）分析评价题。解答此题，首先抓住关键词句理解文本的思想内涵，再进行概括、评价。分析这种观点的原因，根据语录②，孔子认为古人不轻易承诺，就是因为怕自己做不到，以做不到为耻辱；而在语录③中，孔子认为仁人说话是慎重的，而且认为正是因为难以做到，承诺才要格外谨慎。可见，"言"与"行"关系到一个人的品质。

【答案】

（1）敏捷于"行"，谨慎于"言"。

（2）原因：①孔子认为"言"与"行"的关系体现了一个人的品质。②一个人言语有承诺而行动上不能兑现，是可耻的。③受人尊敬的仁者说话之所以谨慎，就是顾虑兑现承诺不容易。

简

1. 阅读下面《论语》中的文字，回答问题。

①子曰："雍[1]也可使南面。"(《论语·雍也》)

②仲弓问子桑伯子。子曰："可也，简。"仲弓曰："居[2]敬而行简，以临其民，不亦可乎？居简而行简，无乃大简乎？"子曰："雍

之言然。”（《论语·雍也》）

③仲弓问仁。子曰：“出门如见大宾，使民如承大祭；己所不欲，勿施于人；在邦无怨，在家无怨。”仲弓曰：“雍虽不敏，请事斯语矣。”（《论语·颜渊》）

注释：【1】雍：冉雍，字仲弓。【2】居：居心，存心。

（1）孔子评价子桑伯子时所说的“简”，其具体内涵是什么？请结合语境加以解释。

（2）结合以上三则材料，说明仲弓是怎样的人。

【题解】

（1）结合语境，抓住关键词语进行分析，解释“简”“可”的意思，把握孔子的情感。

（2）结合材料，分析概括仲弓的人物形象。

【答案】

（1）示例一：简，简要。可，可以，好。这里表达一种肯定的语气。孔子肯定了子桑伯子居心与治政都简要的处事方式，对子桑伯子简要而不烦琐的处理政务的能力深为赞赏。体现了孔子处理政务要简要的治政理念。

示例二：简，简要。可，还可以，不坏，还过得去。孔子对子桑伯子居心与治政都简要的处事方式持保留态度，体现出孔子重视对职业心存敬畏而又要简要行事的治政思想。

（2）示例：仲弓是一个有为官才德、敬业而又善于处理政务、勤学好问、追求自我完善的人。

乐

1. 阅读下面《论语》中的文字，回答问题。

①子曰：“人而不仁，如礼何？人而不仁，如乐何？”（《论语·八佾》）

②子路问成人。子曰："若臧武仲之知，公绰之不欲，卞庄子之勇，冉求之艺，文之以礼乐，亦可以为成人矣。"(《论语·宪问》)

③子谓《韶》[1]："尽美矣，又尽善也。"谓《武》[2]："尽美矣，未尽善也。"(《论语·八佾》)

注释：【1】《韶》：歌颂舜因文德受到尧禅让的音乐。【2】《武》：歌颂武王灭商功绩的音乐。

综合以上材料，概括其体现的孔子对于"乐"的认识。

【题解】

理解概括题。围绕"乐"，理解三则材料的句意，归纳概括孔子的认识。

【答案】

乐要以仁为基础，乐与礼能够起到完善人格的作用，乐要兼具道德性和艺术性。

食

1. 阅读下面《论语》中的文字，回答问题。

①子曰："君子食无求饱，居无求安，敏于事而慎于言，就有道而正焉，可谓好学也已。"(《论语·学而》)

②子曰："饭疏食饮水，曲肱而枕之，乐亦在其中矣。不义而富且贵，于我如浮云。"(《论语·述而》)

③齐[1]必变食，居必迁坐。食不厌精，脍不厌细。(《论语·乡党》)

注释：【1】齐：同"斋"，斋戒。

上面三则材料中，孔子对"食"的态度是什么？反映了其怎样的思想？请简要概括。

【题解】

理解概括题。围绕“食”，理解三则材料的句意，进行归纳概括。

【答案】

态度：饮食要有节制（或“不必吃得太饱”）；饮食不惧粗劣（或“不求美食盛宴”）；斋戒用的食物要精细（或“要注重食物的精美”）。

思想：不刻意追求物质享受，重视修德修身（或“不追求物质，行为符合道义”）；安贫乐道（或“在贫困生活中也会坚守志向”）；重视礼（在意礼仪）；符合“中庸”“变通”的思想。

利

1. 阅读下面《论语》中的文字，回答问题。

①子曰：“放[1]于利而行，多怨。”（《论语·里仁》）

②子曰：“君子喻于义，小人喻于利。”（《论语·里仁》）

③子曰：“饭疏食饮水，曲肱而枕之，乐亦在其中矣。不义而富且贵，于我如浮云。”（《论语·述而》）

④子夏为莒父宰，问政。子曰：“无欲速，无见小利。欲速，则不达；见小利，则大事不成。”（《论语·子路》）

注释：【1】放：依据。

根据以上四则材料，概括孔子对“利”的态度。

【题解】

理解概括题。围绕“利”，理解四则材料的句意，归纳概括孔子的态度。

【答案】

孔子认为：做人不能只据利做事，做事不能只顾眼前小利，取利一定要符合道义。

耻

1. 阅读下面《论语》中的文字，回答问题。

①子曰："士志于道，而耻恶衣恶食者，未足与议也。"（《论语·里仁》）

②子曰："古者言之不出，耻躬之不逮也。"（《论语·里仁》）

③子曰："巧言、令色、足恭，左丘明耻之，丘亦耻之。匿怨而友其人，左丘明耻之，丘亦耻之。"（《论语·公冶长》）

④子曰："笃信好学，守死善道，危邦不入，乱邦不居。天下有道则见，无道则隐。邦有道，贫且贱焉，耻也；邦无道，富且贵焉，耻也。"（《论语·泰伯》）

请你从中任选两则，说说各自体现了孔子怎样的"羞耻观"？结合内容说明。

【题解】

理解概括题。围绕"羞"，理解四则材料的句意，从中任选两则，结合内容，归纳概括孔子的"羞耻观"。

【答案】

要点：①以注重物质享受（重视吃穿）为耻。②以轻然诺（不谨言慎行）为耻。③以口是心非（表里不一）为耻，以言行不合礼仪为耻。④个人贫贱荣辱与国家兴亡息息相关，以注重个人为耻。

示例：第①则章句体现了孔子以注重物质享受为耻的思想。在孔子看来，读书人应有志于真理，注重对精神层次的追求，而不应过分注重吃穿等物质享受。第②则章句体现了孔子以轻然诺为耻的思想。孔子认为，古时的君子不轻易地发言表态，而是谨言慎行，否则，轻许诺言行动却赶不上是耻辱的事情。

士

1. 阅读下面《论语》中的文字，回答问题。

子贡问曰："何如斯可谓之士矣？"子曰："行己有耻，使于四方，不辱君命，可谓士矣。"曰："敢问其次？"曰："宗族称孝焉，乡党称弟焉。"曰："敢问其次？"曰："言必信，行必果，硁硁[1]然小人哉！——抑亦可以为次矣。"曰："今之政者何如？"曰："噫！斗筲之人，何足算也？"（《论语·子路》）

注释：【1】硁（kēng）：击石的声音。

（1）文中画线句中的"硁硁然小人哉"，有人断为"硁硁然／小人哉"，有人不断。请说明"硁硁然"在这两种断句中的表意区别，并分别解释画线句的意思。

（2）结合以上文字，概括说明孔子所答的三类"士"的特点。

【题解】

（1）解释句意题。《论语》中有不少多义章句，要注意认真研读和揣摩，本题是因断句不同造成的多义。"硁硁然"，不断，是形容小人，生硬、固执的样子；断开，是形容前面的"言行"，声音响亮的样子。

（2）理解概括题。理解材料的句意，归纳概括孔子所答的三类"士"的特点。这是孔子认定"士"的标准：国家级的士，宗族级的士，朋友级的士。

【答案】

（1）不断，"硁硁然"侧重形容"小人"生硬、固执；断开，"硁硁然"侧重形容"言必信，行必果"，像击石般响亮。

不断，画线句的意思是"言语一定信实，做事一定坚决，这是不问是非黑白而固执己见的小人啊"；断开，画线句的意思是"说话守信用，办事很实在，像击打出声响的石头子，是一般的小人啊"。

（2）第一类“士”：有修养、有才能，能够为国效力；第二类“士”：行孝悌，为宗族乡里称道；第三类“士”：言行有信，个人品性不错。

2. 阅读下面《论语》中的文字，回答问题。

①子贡问曰：“何如斯可谓之士矣？”子曰：“行己有耻，使于四方，不辱君命，可谓士矣。”曰：“敢问其次？”曰：“宗族称孝焉，乡党称弟焉。”曰：“敢问其次？”曰：“言必信，行必果，硁硁然小人哉！——抑亦可以为次矣。”曰：“今之从政者何如？”子曰：“噫！斗筲之人，何足算也？”（《论语·子路》）

②子路问曰：“何如斯可谓之士矣？”子曰：“切切偲偲，怡怡如也，可谓士矣。朋友切切偲偲，兄弟怡怡。”（《论语·子路》）

（1）请解释“斗筲之人”与“兄弟怡怡”。

（2）综合以上材料，简述孔子心目中“士”必备的品格。

【题解】

（1）说明解释题。要仔细推敲关键词句，如“斗筲”，形容度量和见识的狭小；“怡怡”，和顺的样子。

（2）理解概括题。理解两则材料的句意，简要概括孔子心目中“士”的品格。

【答案】

（1）①器识狭小的人。②兄弟之间和睦相处。

（2）品格：①有羞耻心；②有外交才能；③以孝悌见称；④讲诚信；⑤朋友间能相互批评。

3. 阅读下面《论语》中的文字，回答问题。

①子张问：“士何如斯可谓之达矣？”子曰：“何哉，尔所谓达者？”子张对曰：“在邦[1]必闻，在家[2]必闻。”子曰：“是闻也，非达也。夫达也者，质直而好义，察言而观色，虑以下人。在邦必

达，在家必达。夫闻也者，色取仁而行违，居之不疑。在邦必闻，在家必闻。"（《论语·颜渊》）

注释：【1】邦：诸侯国。【2】家：大夫封地。

②子曰："不患无位，患所以立。不患莫己知，求为可知也。"（《论语·里仁》）

（1）孔子认为什么是"达"，什么是"闻"？

（2）孔子认为"士"不达之时，该如何做呢？

【题解】

（1）理解并概括关键词语的含义。解答此题，需要结合章句内容分析概括。"达"的本质是"诚"，指品德高尚，"达人"则是通情达理、睿智练达的人。"闻"的本质是"伪"，特指那些徒有虚名、沽名钓誉，甚至不惜"色取仁而行违"的欺世盗名之辈。

（2）探究文本并能提出自己的见解。从文中答问来看，子张显然把"闻"和"达"搞混了。孔子进行了详细论述，认真区分了二者之间的区别，帮助子张端正观念。孔子并非不想自己的学生成名成家、身居要职，只是更希望他们首先立足于自身的学问、修养、才能的培养，具备足以胜任官职的各方面素质。

【答案】

（1）达：品德正直，爱好礼义，能察言观色，谦恭待人。

闻：外表有仁的样子，行为上却常常违背，自己以仁人自居，却从不反省。

（2）谋求安身立命的本领，追求拥有值得他人尊敬的知识。

4. 阅读下面《论语》中的文字，回答问题。

①曾子曰："士不可以不弘毅，任重而道远。仁以为己任，不亦重乎？死而后已，不亦远乎？"（《论语·泰伯》）

②子曰："志于道，据于德，依于仁，游于艺。"（《论语·述而》）

③子曰："士志于道，而耻恶衣恶食者，未足与议也。"（《论语·里仁》）

④子曰："士而怀居，不足以为士矣。"（《论语·宪问》）

⑤子张曰："士见危致命，见得思义，祭思敬，丧思哀，其可已矣。"（《论语·子张》）

⑥子曰："志士仁人无求生以害仁，有杀身以成仁。"（《论语·卫灵公》）

（1）文中加点词语的意思解释不正确的一项是（　）

A. 士不可以不弘毅　　弘：弘大

B. 死而后已　　已：停止

C. 而耻恶衣恶食者　　耻：耻辱

D. 士而怀居　　怀：留恋

（2）上述材料中，孔子对"士"提出了哪些要求？请简要概括。

（3）上述材料中，孔子认为士要"志于道""见危致命"，即积极出仕。但在《论语·泰伯》中孔子又说"天下有道则见，无道则隐"，请结合《论语》谈谈你的认识。

【题解】

（1）正确理解文言词语的含义。"耻"为意动用法。

（2）围绕"士"，在准确理解句意的基础上，归纳概括孔子提出的要求，力求简洁、精要。

（3）分析评价题。对孔子观点态度的分析评价，要结合《论语》，至少结合以上六则材料来谈，切忌空泛。"志于道"，孔子培养学生，就是以道为方向，以德为立脚点，以仁为根本，以六艺为涵养之境，使学生能够得到全面发展。"见危致命"，是君子所为，在需要献出生命的时候，可以毫不犹豫，这是孔子思想的精华点。"天下有道则见，无道则隐"意思是天下有道就出来做官，天下无道就隐居不出。要理解句意，结合材料，辩证分析，合理恰切。

【答案】

（1）C（耻：以……为耻）。

（2）理想远大、追求仁德、能持之以恒地坚守、不过高追求物质、见危致命、见得思义、守礼要遵从本心。

（3）认识：（示例）孔子一生志道而行，出仕是他行道的手段，他也积极赞同出仕。“见危致命”，为了正义事业敢于挺身而出，就算为此献出生命也在所不惜，让我们看到了勇气、责任感、使命感和勇于担当的精神。孔子秉持“知其不可而为之”的态度，积极出仕，但多年的奔波和多次的碰壁让他心灰意冷。“天下有道则见，无道则隐”，可见孔子并不拘泥于必仕必隐，不变的是志于道，可变的是通达于道的形式。依孔子之见，士人的仕与隐唯“道”是依，入仕从政还是不仕而隐可迎“道”而解。所以说，孔子的两种说法并不矛盾。

君子

1. 阅读下面《论语》中的文字，回答问题。

①子曰：“质胜文则野，文胜质则史，________，然后君子。”（《论语·雍也》）

②子曰：“君子________，小人同而不和。”（《论语·子路》）

③子曰：“君子________，不成人之恶；小人反是。”（《论语·颜渊》）

横线处是耳熟能详的成语，请根据原文将其填写完整，并说明该组句子反映了孔子的什么思想。

【题解】

本题涉及两种题型：理解性默写题和理解概括题。理解性默写，考查的是背诵与记忆能力。理解概括题，考查的是结合选文进行具体分析的能力。

【答案】

（1）①文质彬彬　②和而不同　③成人之美

（2）关于“君子”的理想。君子应具有中庸的品行，要内外兼修，文与质统一、表与里统一；君子要坚守行事原则，与人和谐相处，却不盲目附和；君子能律己达人，成就美好事业。

2. 阅读下面《论语》中的文字，回答问题。

①子曰：“君子周而不比，小人比而不周。”（《论语·为政》）

②子曰：“君子喻于义，小人喻于利。”（《论语·里仁》）

③子曰：“君子坦荡荡，小人长戚戚。”（《论语·述而》）

④子曰：“君子成人之美，不成人之恶。小人反是。”（《论语·颜渊》）

⑤子曰：“君子和而不同，小人同而不和。”（《论语·子路》）

在《论语》中，孔子常把“君子”与“小人”进行对比。请你综合以上材料，概括出“君子”有哪些特点。

【题解】

理解概括题。围绕“君子”，理解五则材料的句意，归纳概括“君子”的特点。

【答案】

特点：团结他人；重义轻利；胸怀坦荡；成人之美；与人和睦相处，却不盲目附和。

3. 阅读下面《论语》中孔子关于“君子”与“小人”的议论，回答问题。

①子曰：“君子喻于义，小人喻于利。”（《论语·里仁》）

②子曰：“君子怀德，小人怀土；君子怀刑，小人怀惠。”（《论语·里仁》）

③子曰：“君子固穷，小人穷斯滥矣。”（《论语·卫灵公》）

④子曰：“君子周而不比，小人比而不周。”（《论语·为政》）

（1）根据上面的文字，请概括出君子的特点。

（2）人们对于《论语·宪问》中“子曰：‘君子上达，小人下达’”历来有不同的理解。请根据上面的文字，写出对“君子上达，小人下达”的两种理解。

【题解】

（1）理解概括题。围绕“君子”，理解四则材料的句意，归纳概括“君子”的特点。

（2）解释句意题。写出对“君子上达，小人下达”的两种理解，要依据所给材料进行解释。

【答案】

（1）君子的特点：知晓大义、关心德行、安于不得志、公心待人。

（2）要点：上达于仁义，下达于财利；上达于道，下达于器；上达于公，下达于私。

示例：第一种理解是上达于仁义，下达于财利。“君子喻于义，小人喻于利”，意思是君子懂得的是义，小人懂得的是利，也就是说君子是重义轻利的。第二种理解是上达于公，下达于私。“君子怀德”两句，意思是君子关心道德和法度，而小人关心的是乡土和恩惠。“君子周而不比”这句则是，君子注重的是团结，而小人关注的是勾结。可见君子向上通达于公，小人向下通达于私。

4. 阅读下面《论语》中的文字，回答问题。

①子曰：“君子无所争，必也射乎！揖让而升，下而饮。其争也君子。”（《论语·八佾》）

②子曰：“君子谋道不谋食。耕也，馁在其中矣；学也，禄在其中矣。君子忧道不忧贫。”（《论语·卫灵公》）

③子曰：“君子不以言举人，不以人废言。”（《论语·卫灵公》）

④子曰：“不知命，无以为君子也；不知礼，无以立也；不知言，无以知人也。”（《论语·尧曰》）

（1）人们对“君子无所争”的“争”字有不同的解释，有人认为是“争夺”的意思，有人认为是“以力相争”的意思。请分别以“争”的这两种不同解释为前提，翻译画线的句子。

（2）请结合以上四则材料，分析孔子心目中“君子”的形象。

【题解】

（1）语句翻译题。根据语义翻译即可。

（2）理解概括题。围绕“君子”，理解四则材料的句意，归纳概括孔子心目中的“君子”形象。

【答案】

（1）第一种翻译：君子没有什么可争夺的事情，如果有所争，一定是比赛射箭吧！

第二种翻译：君子不以力相争，如果一定要以力相争的话，那么礼射之时可以！

（2）孔子心目中的君子形象是：①为人宽怀礼让，不与人争夺（不以力与人相争）；②追求道义，不在意物质生活；③站在公正的立场上识人、断言；④能够做到乐知天命。

5. 阅读下面《论语》中的文字，回答问题。

子曰：“君子不可小知而可大受也，小人不可大受而可小知也。”（《论语·卫灵公》）

（1）有人认为“知”是“了解，赏识”的意思，也有人认为“知”是“主持，掌管”的意思。请根据这两种不同的解释，分别翻译这句话。

（2）你认为哪一种翻译符合孔子对君子的认识？请简要解说。

【题解】

（1）语句翻译题。根据语义翻译即可。“君子”与“小人”,“小知”与“大受”两组概念对举出现，强调君子与小人在同一问题上的区别。因此，“小知”与“大受”是同一问题的两端，翻译应在同一范畴层面。

（2）分析评价题。首先要表明态度，然后结合“君子”的内涵，即以“仁爱”为核心的道德修养、心怀天下的胸襟抱负、通观全局的学识才干，进行解说，要注意能言之成理。

【答案】

（1）翻译一：君子未必能在小事上获得赏识，却可以承担大事。小人不能承担大事，却有可能在小事上获得赏识。

翻译二：君子不可以让他做小事，却可以承担大事。小人不能承担大事，却可以让他做小事。

（2）示例：第一种解读符合。孔子认为君子最重要的特质是人格品质，看待君子要观其主流、大节，不能要求君子是完人、全人，在小事上的表现有不足是可以的，但君子可以委以重任，肯定了君子的道德品质，符合孔子对君子的看法。

6. 阅读下面《论语》中的文字，回答问题。

①子曰：“君子不器。”（《论语·为政》）

②樊迟请学稼。子曰：“吾不如老农。”请学为圃。曰：“吾不如老圃。”樊迟出。子曰：“小人哉，樊须也！上好礼，则民莫敢不敬；上好义，则民莫敢不服；上好信，则民莫敢不用情。夫如是，则四方之民襁负其子而至矣，焉用稼？”（《论语·子路》）

③子曰：“君子上达，小人下达。”（《论语·宪问》）

以上几则材料都体现了孔子“君子不器”的思想，请结合具体章句并联系实际，谈谈你对这一思想的理解。

【题解】

理解分析题。解答此题，首先要正确理解三则材料的句意，然后根据题目要求，提取重要信息和文本对照，结合具体文句分析，有些需要知识迁移，联系现实生活加以思考。

【答案】

“君子不器”的意思是，君子不会把自己局限于掌握某种技能、具有某种功用上，不把实用和功利性的价值追求作为最终目的，而应该博学通览，全面发展，应该“志于道”，讲道义，有信仰，拥有开阔的视野和正确的价值观，具有崇高的境界。“上好礼”六句，孔子认为君子应该重视礼、义、信，如果能有道义和信仰，那么天下百姓莫不归附信服。君子不必拘泥于某一种小技术，君子的社会责任是追求“大道”。“君子上达”两句，强调君子应向上追求，有崇高的境界，不要向下追求，只求具体技艺。这些都体现了孔子“君子不器”的观点。孔子的观点对于现代人才的成长也有借鉴意义。真正要成就君子，成为人才，就要有高尚的德行，崇高的追求，这是根。就像一棵树，如果有强壮的根，根扎得深，那么它的生命力就强，枝叶就繁茂，结的花果就漂亮。

7. 阅读下面《论语》中的文字，回答问题。

①子曰：“君子食无求饱，居无求安，敏于事而慎于言，就有道而正焉，可谓好学也已。”(《论语·学而》)

②子贡问君子。子曰：“先行其言而后从之。”(《论语·为政》)

③子曰：“……君子去仁，恶乎成名？君子无终食之间违仁，造次必于是，颠沛必于是。”(《论语·里仁》)

④子曰：“君子博学于文，约之以礼，亦可以弗畔矣夫！”(《论语·雍也》)

简要概括孔子心目中的君子的特点。就君子某一方面的特点，结合具体文句，谈谈你从中得到的启发。

【题解】

本题涉及两种题型：理解概括题和分析评价题。解答此题要分为两步。第一步，要围绕“君子”，在正确理解几则材料的基础上，对孔子心目中的君子特点进行归纳概括。第二步，在第一问答题内容中选择一点明确认识，结合具体文句作分析，谈自己从中得到的启发。可以不拘于此处所提供的句子，但另选句子时应对所选句子作呈现。

【答案】

第一问：有德，笃行，怀仁，博学，尊礼。

第二问：孔子认为君子不但要重视“行”，而且要将“行”视作“言”的基础，即先行而后言。真正的君子就要少说空话，多做实在的事情，正所谓“敏于事而慎于言”，凡事先认真努力完成，然后再说，把实际的行动放在言论的前面才能取得切实的成绩。光说不做，夸夸其谈，最终只能欺骗自己，甚至自食恶果。

8. 阅读下面《论语》二则，回答问题。

①子曰：“君子食无求饱，居无求安，敏于事而慎于言，就有道而正焉，可谓好学也已。”（《论语·学而》）

②子曰：“士志于道，而耻恶衣恶食者，未足与议也。”（《论语·里仁》）

（1）分别解释句中“敏于事而慎于言”“未足与议也”的意思。

（2）这两则材料中，孔子强调了什么主张？对你有哪些人生启示？

【题解】

（1）说明解释题。注意仔细推敲关键词句，如“敏”，敏捷；“慎”，谨慎；“足”，值得。

（2）归纳概括孔子的主张，并谈谈对自己的人生启示。

【答案】

（1）敏于事而慎于言：做事要追求敏捷，说话要谨慎（做事快，少说话）。

未足与议也：不值得和他讨论问题，意思是没必要搭理他。

（2）主张：人不应过多关注衣食住行方面的物质享受，而应该在规范自己的言行、学习道理这些精神方面上有所追求。

启示：（示例）我们正处于青年时期，要把心思放在知识学习、能力提升上，努力提高自己的精神境界，而不应比吃比穿，追求物质上的享受。

9. 阅读下面《论语》中的文字，回答问题。

①子曰："君子喻于义，小人喻于利。"(《论语·里仁》)

②曾子曰："士不可以不弘毅，任重而道远。"(《论语·泰伯》)

③子曰："知者不惑，仁者不忧，勇者不惧。"(《论语·子罕》)

④子曰："君子病无能焉，不病人之不己知也。"(《论语·卫灵公》)

以上四则材料都谈到了古代君子应具备的品格。请以中国文学作品中的一个君子形象为例，谈谈对这四则材料中任意一则的理解。

【题解】

正确理解四则材料的句意，任意选择一则材料，明确古代君子应具备的品格，结合中国文学作品中的一个人物形象进行分析。

【答案】

示例："君子喻于义，小人喻于利"，强调君子看重道义，小人看重利益。《三国演义》中的关羽就是一位重然诺、讲忠义的君子。他面对曹操给予的各种优厚待遇毫不动心，不惧艰险，执意回到了结义兄长刘备的身边。反观张鲁的谋士杨松，面对曹操的征讨，心中"利"字当先，贪财卖主，实为小人。

10. 阅读下面《论语》中的文字，回答问题。

子曰："出则事公卿，入则事父兄，丧事不敢不勉，不为酒困，何有于我哉？"(《论语·子罕》)

（1）画线部分表现了怎样的儒者形象？

（2）参考下面的"链接材料"，翻译"何有于我哉"，并回答这句话体现了孔子的什么特点。

链接材料：

季康子问："仲由可使从政也与？"子曰："由也果，于从政乎何有？"曰："赐也可使从政也与？"曰："赐也达，于从政乎何有？"曰："求也可使从政也与？"曰："求也艺，于从政乎何有？"(《论语·雍也》)

【题解】

（1）在准确理解句意的基础上，进行归纳总结。

（2）明确句意并翻译，概括孔子的性格特点。

【答案】

（1）形象：尽忠，行孝，守礼，自律。

（2）翻译：这些对于我来说有什么难呢？

特点：自信。

察人

1. 阅读下面《论语》中的文字，回答问题。

①子贡问曰："乡人皆好之，何如？"子曰："未可也。""乡人皆恶之，何如？"子曰："未可也。不如乡人之善者好之，其不善者恶之。"（《论语·子路》）

②宰予昼寝。子曰："朽木不可雕也，粪土之墙不可圬也；于予与何诛？"子曰："始吾于人也，听其言而信其行；今吾于人也，听其言而观其行。于予与改是。"（《论语·公冶长》）

③子贡曰："管仲非仁者与？桓公杀公子纠，不能死，又相之。"子曰："管仲相桓公，霸诸侯，一匡天下，民到于今受其赐。微管仲，吾其被发左衽矣。岂若匹夫匹妇之为谅也，自经于沟渎而莫之知也。"（《论语·宪问》）

请分条概括上面材料中孔子察人的方法，并选择其中一条联系现实谈谈你获得的启示。

【题解】

本题涉及两种题型：理解概括题和分析评价题。基本要求是理解概括文本内容，并进行个性化阅读和有创意的解读。第一问，在准确理解句意的基础上，归纳概括"察人的方法"即可。第二问，从上面的三种方法中选择一种来谈自己受到的启示，可以先明确自己的态度，然后再联系现实生活中的一些现象进行分析。

【答案】

察人方法：①从评价者品行的角度来察人。②从言行一致的角度来察人。③从社会贡献的角度来察人。

第一条的启示：（示例）认识一个人要全面考察善人和恶人对他的看法，才能有公正的评价。生活中所有人皆喜爱的人不一定品质极好，也可能是这个人出于私利讨好周边的人。而如公正严明的警察受到民众爱戴，但被违法犯罪者厌恶，说明其为人正直，善恶分明，这样的人才更可信，才能促进社会的稳定和谐。

第二条的启示：（示例）察人当听其言而观其行。这启示我们在生活中观察一个人不仅要听他说的话，还要观察他的行为，看他是否能做到言语与实践统一。只有这样，才能由外而内地去了解一个人的道德修养和道德品质。如在线学习时，承诺了按时提交作业，就要说到做到。生活中我们也要追求做一个言行一致、表里如一的人。

第三条的启示：（示例）从孔子察人注重大节、不计小错中，我明白了不能因为一个人的小错误就否定整个人。如现实中很多公益者、志愿者因一些小问题便受人谴责，甚至被认为是虚伪，这是片面的。我们应从更高层面、更长远的角度关注他们的大贡献，评价他们是好是坏。

2. 阅读下面《论语》中的文字，回答问题。

①子曰："视其所以，观其所由，察其所安。人焉廋[1]哉？人焉廋哉？"（《论语·为政》）

②子曰："始吾于人也，听其言而信其行；今吾于人也，听其言而观其行。"（《论语·公冶长》）

③子曰："众恶之，必察焉；众好之，必察焉。"（《论语·卫灵公》）

注释：【1】廋：隐藏，藏匿。

综合以上材料，简要概括孔子对"察人"的看法。

【题解】

理解概括题。围绕“察人”，准确理解几则章句的句意，简要归纳概括看法。其中，第一则章句中对“所以”“所由”“所安”“焉廋”的理解是难点，也是关键。“所以”，做事的动机、原因、目的、出发点；“所由”，所走过的道路，所采取的手段、策略；“所安”，所持的心境、本心、初心、价值取向和志趣；“焉廋”，强调全面了解，由表及里地深入了解。

【答案】

看法：①重视考察动机。②观察言行是否一致。③注重调查（考察），贵在独立判断。

3. 阅读下面《论语》中的文字，回答问题。

①子曰：“始吾于人也，听其言而信其行；今吾于人也，听其言而观其行。”(《论语·公冶长》)

②子曰：“人之过也，各于其党[1]。观过，斯知仁[2]矣。”(《论语·里仁》)

③子曰：“众恶之，必察焉；众好之，必察焉。”(《论语·卫灵公》)

注释：【1】党：类。【2】仁：同“人”。

综合以上材料，简述孔子对“知人”的认识，并选择其中一点谈谈对你的启示。

【题解】

本题涉及两种题型：理解概括题和分析评价题。基本要求是理解概括文本内容，并进行个性化阅读和有创意的解读。第一问，在准确理解句意的基础上，归纳概括“孔子对‘知人’的认识”。第二问，选择其中一点谈对自己的启示。

【答案】

认识：要注意观察言行是否一致；可以根据所犯的错误来判断其为人；要独立判断，不受他人好恶的影响。

启示：（示例）“观过，斯知仁矣”，即察错知人法。这启示我们在生活中，要了解一个人可以通过他所犯的错误来判断。人非圣贤孰能无过，犯错误在所难免，但犯的错误严重与否，对待错误的态度如何，改正错误的决心怎样，就可以看出一个人的品行了。这一方法值得借鉴。

4. 阅读下面《论语》中的文字，回答问题。

①子曰：“吾与回言终日，不违，如愚。退而省其私，亦足以发。回也不愚。”（《论语·为政》）

②子谓子贡曰：“女与回也孰愈[1]？”对曰：“赐也何敢望回？回也闻一以知十，赐也闻一以知二。”子曰：“弗如也吾与女弗如也。”（《论语·公冶长》）

③子曰：“贤哉，回也！一箪食，一瓢饮，在陋巷。人不堪其忧，回也不改其乐。贤哉，回也！”（《论语·雍也》）

④子曰：“回也非助我者也，于吾言无所不说。”（《论语·先进》）

注释：【1】愈：胜。

（1）因为对“与”的理解不同，文中画线句，有人断句为“弗如也／吾与女／弗如也”，有人断句为“弗如也／吾与女弗如也”。请你分别说明这两种断句中“与”的意思，并解释全句的意思。

（2）结合以上四则材料，说明颜回是个什么样的人。

【题解】

（1）说明解释题。结合语境，对《论语》多义章句进行合理释义。

（2）理解概括题。准确理解四则材料的句意，对颜回形象进行归纳概括。

在《论语》中提到姓名的孔子的弟子有30余人。梳理如下：

1.2　有子，有若，比孔子小33岁。有子与孔子相貌相似度极高。（有若、曾参称子，冉有、闵子骞偶一称子）

1.4　曾子，曾参（shēn），比孔子小46岁。孔子的孙子孔伋（子思）师从曾子，又传授给孟子。曾参上承孔子之道，下启思孟学派。

1.7　子夏，卜商，比孔子小44岁。

1.10　子禽，陈亢（gāng），是否为学生存疑。

1.10　子贡，端木赐，比孔子小 31 岁。文化修养深厚，政治外交才能卓越，理财经商能力高超，是春秋时期了不起的外交家和商人，被后世奉为“儒商鼻祖”。

2.7　子游，言偃，比孔子小 45 岁。

2.17　子路，仲由，比孔子小 9 岁。是孔子最亲近的弟子之一。子路至孝，性伉直，重言诺，尽忠心，讲信义，勇力过人，武艺高强。其“为亲负米”，是二十四孝故事之一。在卫国内乱中“结缨而死”。

2.18　子张，颛（zhuān）孙师，比孔子小 48 岁。

3.4　林放，生卒年不详，字子丘，以知礼著称，传为孔子弟子中七十二贤人之一，为孔子得意门生。

3.21　宰予，字子我，亦称宰我。口齿伶俐，能言善辩，“孔门十哲”之一。孔子说：“吾以言取人，失（看错）之宰予；以貌取人，失之子羽。”

5.1　公冶长，字子长，齐国人，孔子把自己的女儿嫁给他。

5.2　南容适（kuò），字子容，孔子把自己的侄女嫁给他。

5.3　子贱，宓（fú）不齐，比孔子小 30 岁。

5.5　冉雍，字仲弓，比孔子小 29 岁，以德行著称。他与长兄冉耕（伯牛）、弟冉求（子有）皆在“孔门十哲”之列，世称“一门三贤”。

5.6　漆雕开，字子开，比孔子小 11 岁。

5.8　冉求，名求，字子有，通称冉有，比孔子小 29 岁。生性谦退，是孔门弟子中多才多艺的人，善理财，以擅长“政事”著称。

5.8　公西赤，名赤，字子华，通称公西华，比孔子小 42 岁。

5.9　颜回，字子渊，亦称颜渊，比孔子小 30 岁，一说小 40 岁。孔子最得意的学生，在《论语》中出现 32 次。为人谦逊好学，以德行著称，“七十二贤”之首，被后世尊称为“复圣”。

5.11　申枨（chéng），孔子的学生。

6.5　原宪，字子思，亦称原思，比孔子小 36 岁。

6.9　闵子骞，闵损，字子骞，比孔子小 15 岁。以孝行超群闻名于世，与其相关的“鞭打芦花”，是二十四孝故事之一。

6.10　伯牛，冉耕，字伯牛，比孔子小 7 岁。

6.14　澹台灭明，复姓澹台，名灭明，字子羽，比孔子小 39 岁。

6.22　樊须，名须，字子迟，通称樊迟，孔子的学生，比孔子小 36 岁。

7.31　巫马施，姓巫马，名施，字子期，亦称巫马期，孔子的学生，比孔子小 30 岁。

11.8　颜路，名无繇（yóu），字路，颜回的父亲，据说比孔子小 4—5 岁。

11.9　孔鲤，字伯鱼，孔子的儿子，比孔子小 20 岁。

11.18　高柴，字子羔，比孔子小 30 岁。

11.26　曾点，名点，字皙，通称曾皙，曾参的父亲，孔子的学生。

12.3　司马牛，名耕，字子牛。

14.36　公伯寮，生卒年不详，字子周，鲁国人，与子路同为季氏家臣。

【答案】

（1）“弗如也 / 吾与女 / 弗如也”：“与”是“赞同”的意思，全句意思是“不如他啊，我赞同你的看法，不如他啊”。

“弗如也 / 吾与女弗如也”：“与”是连词“和”的意思，全句的意思是“不如他啊，我和你都不如他啊”。

（2）示例一：颜回是一个学习勤奋、善于反思、引申发挥、闻一知十的人。

示例二：颜回是一个安贫乐道、不以贫困而忧虑的人。

示例三：颜回是一个对老师孔子心悦诚服，但不质疑问难的人。

5. 阅读下面《论语》中的文字，回答问题。

①子曰：“吾与回言终日，不违，如愚。退而省其私，亦足以发，回也不愚。”（《论语·为政》）

②子谓子贡曰：“女与回也孰愈？”对曰：“赐也何敢望回？回也闻一以知十，赐也闻一以知二。”子曰：“弗如也；吾与女弗如也。”（《论语·公冶长》）

③子曰：“语之而不惰者，其回也与！”（《论语·子罕》）

④子曰：“回也非助我者也，于吾言无所不说。”（《论语·先进》）

（1）颜回从师学习有哪些特点？请综合以上材料，简要概括。

（2）关于“回也非助我者也，于吾言无所不说”，有人认为孔子表达了对颜回的遗憾，有人说“其辞若有憾焉，其实乃深喜之”，也有人说是“遗憾而又深喜之”。对于此句中孔子的态度，你是怎样理解的？请结合以上材料和你的学习体验，谈谈看法。

【题解】

（1）理解概括题。准确理解四则材料的句意，对“颜回从师学习的特点”进行归纳概括。

（2）分析评价题。能结合所给材料和自己的学习体验，作出评价分析，表明自己的看法。

【答案】

（1）特点：谦逊沉静，善于倾听；默默思考，独自钻研；触类旁通，付诸实践；学而不厌，坚持不懈。

（2）示例一：学问之道，贵在问，多问才能教学相长，并获得真知。颜渊终日“不违”，就缺少了在对话碰撞中深化思考、师生共同进步的可能性，因此孔子感到遗憾，“非助我者”清楚表明了态度。

示例二：颜渊听讲“不惰”，闻一知十，言行“足以发”，可见他对孔子的教诲闻语即解，心解力行，无所不悦。因此，孔子此语实为赞颂其聪慧颖悟，深喜其“不愚”。

示例三：学问之道，贵在问，颜渊终日“不违”，就缺少了在对话碰撞中深化思考、师生共同进步的可能性，因此孔子说“非助我者”，感到遗憾；但颜渊对孔子的教诲无所不悦，因其听讲“不惰”，闻一知十，言行“足以发”，孔子亦喜其“不愚”。

6. 阅读下面《论语》中的文字，回答问题。

①子曰：“管仲之器小哉！”或曰：“管仲俭乎？”曰：“管氏有三归，官事不摄，焉得俭？”“然则管仲知礼乎？”曰：“邦君树塞门，管氏亦树塞门。邦君为两君之好，有反坫，管氏亦有反坫。管氏而知礼，孰不知礼？”（《论语·八佾》）

②子路曰："桓公杀公子纠，召忽死之，管仲不死。"曰："未仁乎？"子曰："桓公九合诸侯，不以兵车，管仲之力也。如其仁，如其仁。"（《论语·宪问》）

③子贡曰："管仲非仁者与？桓公杀公子纠，不能死，又相之。"子曰："管仲相桓公，霸诸侯，一匡天下，民到于今受其赐。微管仲，吾其被发左衽矣。岂若匹夫匹妇之为谅也，自经于沟渎而莫之知也？"（《论语·宪问》）

以上三则语录都涉及了孔子对管仲的评价，请简述孔子批评管仲和褒扬管仲的原因，并概括孔子品评人物所遵循的原则。

【题解】

理解概括题。准确理解三则语录的句意，分别简述孔子批评和褒扬管仲的原因，归纳概括孔子品评人物所遵循的原则。

《论语》中提到的人物：

明君：尧（8.19），舜、禹（8.18），汤、文、武（8.20），周公（8.11），齐桓公（14.15）等。

贤臣：孟懿子（2.5）、孟武伯（2.6）、孔文子（5.15）、子产（5.16）、晏平仲（5.17）、臧文仲（5.18）、子文（5.19）、宁武子（5.21）、左丘明（5.25）、叶公（沈诸梁）（7.19）、泰伯（8.1）、卫公子荆（13.18）、孟公绰（14.11）、公叔文子（14.13）、蘧伯玉（14.25）、史鱼（15.7）、柳下惠（15.14）等。

仁人：伯夷、叔齐（7.15），管仲（14.16），微子、箕子、比干（18.1）等。

孔子敬佩的人物研读举略：

管仲（3.22，量小不是君子，不节俭，不知礼；14.9，是人才；14.16，不战而胜，是大谋士、真仁人；14.17，从社会贡献的角度考察，重大节而轻小节。结论：仁高于礼，大德高于小德，社会公德高于个人私德）。

孔文子（5.15，敏而好学、不耻下问、谦虚好学；14.19，有才能）。

子产（5.16，合于君子之道；14.9，宽厚慈惠）。

公叔文子（14.13，恰到好处：应对有方、举止有仪、取舍有度；14.18，能够举贤）。

蘧伯玉（14.25，求进甚急，善于改过；15.7，变通、通达）。

柳下惠（15.14，贤良；18.2，直道事人，即以德治国、以仁理民）。

【答案】

批评管仲的原因：不节俭，不知礼。褒扬管仲的原因：尊王攘夷，保存了华夏文明，造福百姓。

孔子品评人物遵循的原则：坚持“两点论”，客观全面、一分为二地品评人物；遵循“重点论”，看事功重于看小节。

7. 阅读下面《论语》中的文字，回答问题。

子问公叔文子于公明贾曰：“信乎，夫子[1]不言，不笑，不取乎？”

公明贾对曰：“以告者过也。夫子时然后言[2]，人不厌其言；乐然后笑，人不厌其笑；义然后取，人不厌其取。”

子曰：“其然？岂其然乎？”（《论语·宪问》）

注释：【1】夫子：此处指公叔文子。【2】时然后言：到应该说话的时候才说话。

从公明贾的回答来看，公叔文子是如何为人处世的？“其然？岂其然乎？”反映了孔子在为人处世方面的哪些主张？请简要说明。

【题解】

理解概括题。准确理解所给章句的句意，归纳概括公叔文子为人处世的特点，根据孔子的感喟把握其情感态度以及在为人处世方面的主张。

【答案】

第一问：应对有方，举止有仪，取舍有度。

第二问：孔子用“其然？岂其然乎？”表达了自己对公叔文子的佩服和赞许。其中反映了孔子在为人处世中奉行仁、礼、义、智以及中庸等主张。

交友

1. 阅读下面《论语》中的文字，回答问题。

①子游曰："事君数，斯辱矣；朋友数，斯疏矣。"(《论语·里仁》)

②子贡问友。子曰："忠告而善道之，不可则止，毋自辱焉。"(《论语·颜渊》)

（1）第①则材料中的"数"，有人认为是屡次之意，也有人理解为算计。请你分别按照这两种理解来解释全句的意思。

（2）从上面两则材料中可以看出，在为人处世方面，孔子主张遵循怎样的原则？请用四字短语回答。

【题解】

（1）说明解释题。结合语境，对《论语》多义章句进行合理释义。

（2）理解概括题。用四字短语回答是关键。

【答案】

（1）第一种：服侍君主太过殷勤，反而会招来羞辱；与朋友交往太过亲密，反而会变得疏远。（或"进谏君主过于频繁，就会遭受侮辱；劝告朋友过于频繁，反而会被疏远。"）

第二种：服侍君主时，精于算计，最终只会自取其辱；与朋友交往时，过于计较得失，也会让朋友越来越疏远。

（2）适可而止（适度交往、中庸之道）。

2.《论语》记录了孔子弟子与再传弟子间的对话。阅读下面的短文，回答问题。

子夏之门人问交于子张。子张曰："子夏云何？"

对曰："子夏曰：'可者与之，其不可者拒之。'"

子张曰："异乎吾所闻。君子尊贤而容众，嘉善而矜不能。我之大贤与，于人何所不容？我之不贤与，人将拒我，如之何其拒人也？"（《论语·子张》）

本则短文是围绕什么话题展开对话的？依据材料，简要说明子夏与子张的观念有何不同。

【题解】

在准确理解句意的基础上，归纳概括出上位概念，并分别简要说明子夏与子张二人观念的不同之处。

【答案】

示例：本则短文围绕"交友"（交往）这一话题展开对话。

不同：子夏（从"自我"品德的高标准）强调交往的对象标准，值得交往的人才能与之交往。（子夏所言"可者"，直接理解就是"值得交往的人"，根据《论语》的基本思想，"值得交往的人"应该理解为道德品行高尚的人。）子张对交往对象没有要求，主张与所有人都要交往，只是交往态度有所区别；子张还强调了对自身的要求，要努力做一个德才兼备的君子，不断完善自我的德行和才能。

政　治

《论语》在政治上的最高社会理想是建立“大道之行”的大同社会。孔子认为文明的最高成就在于创造理想人格以创立理想社会，通过潜志躬行“内圣外王之道”，以达到“天下为公”“大同世界”之境界。

孔子的治国策略主要是以德治国，以礼治国，以教治国。

以德治国，可谓之“德治”。孔子说“为政以德，譬如北辰，居其所而众星拱之”。对儒家而言，治国与修身是一体的，所以在位者的德行就很重要了。德政特别强调的是在位者尤其是国君的表率作用，一方面以德垂范，另一方面令人信服。

以礼治国，可谓之“礼治”。孔子说“为国以礼，治国不以礼，犹无耜而耕也”。礼是治理国家的法则，以礼治国，重在确立秩序。每个人在这个秩序中，都有其位置，也有其相应的权力界限与言行规范。国君与臣子，各有各的礼仪，各有各的坚守。

以教治国，可谓之“教治”。在儒家看来，养民是国家之本，所谓民为邦本，民富则国富，民富以后，还要能够“教之”，以礼乐教化百姓，实现长治久安。孔子主张“学而优则仕”，对于有才能的人，他是主张入仕的。他认为“政者，正也”，从政者要以君子的情怀治理国家。

孔子身处礼崩乐坏的时代，面对“有道”和“无道”的局面，他主张适度参政，用行舍藏。尽管实现清明政治的理想很难，但孔子知其不可而为之，即使有人不解、讽刺、挖苦，他也依然保持积极的入世情怀。

为政

1. 阅读下面《论语》中的文字，回答问题。

①子曰："为政以德，譬如北辰，居其所而众星共[1]之。"(《论语·为政》)

②樊迟问知，子曰："务民之义[2]，敬鬼神而远之，可谓知矣。"问仁，曰："仁者先难而后获，可谓仁矣。"(《论语·雍也》)

注释：【1】共："拱"的本字，环绕，环抱。【2】务民之义：专用力于人道所宜。

（1）自古以来，管理者中有人德"厚"有人德"薄"，那么德"厚"的管理者应有怎样的表现？请结合上面的《论语》二则加以解说。

（2）对我们当今的法治社会而言，孔子提出的"为政以德"有怎样的传承价值？请结合你对《论语》的理解，简要谈谈你的看法。

【题解】

（1）理解概括题。解答此题，首先要审清题干，明确命题指向和筛选范围，准确理解《论语》二则的句意，然后结合文本内容进行归纳概括。

（2）分析评价题。解答此题，首先要认真审题，明确解读方向，然后结合文本的内容、主旨以及社会现实进行合理化分析与评价。可将"为政以德""先劳后获"的理念与当今社会领导者的执政理念相结合，从有助于提升管理者的人格魅力，有助于社会良好风气的形成，有助于社会的稳定等角度进行作答。

【答案】

（1）德"厚"的管理者应有的表现：德厚的管理者会像北极星一样，能以自己的道德感化他人，受人拥戴。德要"厚"，就要专用力于人道所宜，难事做在人前，获报退居人后。

（2）对我们当今的法治社会而言，“为政以德”的传承价值在于：管理者高尚的个人品德外化为仁爱之行，有助于提升管理者的人格魅力，使周围的人在向这样的管理者学习的过程中，形成良好的社会风气；社会风清气正的时候，违法乱纪的行为也会减少，有助于减轻法治社会的管理负担。

2. 阅读下面《论语》中的文字，回答问题。

子适卫，冉有仆[1]。子曰：“庶[2]矣哉！”冉有曰：“既庶矣，又何加焉？”曰：“富之”。曰：“既富矣，又何加焉？”曰：“教之。”（《论语·子路》）

注释：【1】仆：御车。【2】庶：人口众多。

短文中画线的句子反映了孔子怎样的思想？请用自己的话概述，并举例谈谈你对这一思想的认识。

【题解】

第一问概括这则论语的内容就可以。孔子的思想就是对于教化的重视，换句话说，就是富而后教，这也是儒家的一个重要思想。

第二问谈认识，首先要表明观点，然后做原因上的分析。认识应围绕“富”“物质”与“教”“道德”等的关系来谈，认同阐释、思考追因、反思批判均可。举例，可举具体事例，也可举社会现象，既可举正例，也可举反例。

【答案】

思想：要在老百姓富裕的基础上实施教化。

认识：（示例）我认为这一思想符合事物的客观发展规律。“仓廪实而知礼节”，我国的发展道路就是这一思想的有力例证。在改革开放促进我国经济发展和人民生活水平改善的基础上，发展中国特色社会主义文化，加强思想道德建设，既满足了物质生活充足状况下人们的精神文化需求，又为经济发展提供了正确的方向保证，促进了物质文明与精神文明的协调发展。所以我认为孔子的这一思想合理，有益于治国理政。

3. 阅读下面《论语》中的文字，回答问题。

季康子问："仲由可使从政也与？"子曰："由也果，于从政乎何有？"曰："赐也可使从政也与？"曰："赐也达，于从政乎何有？"曰："求也可使从政也与？"曰："求也艺，于从政乎何有？"（《论语·雍也》）

请简要说明孔子认为三位弟子能够从政的原因，这则短文体现出孔子怎样的思想。

【题解】

概括并评价作品的思想内容。解答此题，要读懂题干，筛选相关信息，分析概括作品内容，然后抓住关键词句理解文本的思想内涵，再进行概括、评价。

第一问，根据"由也果""赐也达""求也艺"，可知孔子认为仲由（子路）处事果断、端木赐（子贡）处事通达、冉求有才能，因此三位弟子能够从政。

第二问，分析孔子对三位弟子的评价，可以看出他对弟子们的才华、特长很了解，因此能判定他们适不适合从政。由此体现了孔子的用人观，对于人才，要用其所长，因材用人。

【答案】

孔子认为三位弟子能够从政的原因：仲由（子路）处事果断，端木赐（子贡）处事通达，冉求有才能。

思想：这则短文体现了孔子的用人观（人才观），对于人才，要用其所长，因材用人。

4. 阅读下面《论语》中的文字，回答问题。

①子曰："为命[1]，裨谌[2]草创之，世叔讨论之，行人[3]子羽修饰之，东里[4]子产润色之。"（《论语·宪问》）

②子曰："孟公绰为赵、魏老[5]则优，不可以为滕、薛大夫。"（《论语·宪问》）

③周公谓鲁公曰："君子不施其亲，不使大臣怨乎不以。故旧无

大故，则不弃也。无求备于一人。”（《论语·微子》）

注释：【1】命：外交辞令。【2】裨谌：人名。【3】行人：官名。【4】东里：地名。【5】赵、魏：晋国最有权势的大夫赵氏、魏氏。老：大夫的家臣。

（1）在《论语》中，孔子对如何使用人才有自己的独到见解，阅读上面三则材料，简要概括孔子的用人观。

（2）关于“君子不施其亲”中“施”的解读历来众说纷纭，杨伯峻在《论语译注》中解释为“怠慢”，而石永楙在《论语正》中解释为“赦宥”。结合两种不同的解释分别翻译横线处的句子，并说说各体现了孔子的什么思想。

【题解】

（1）理解概括题。解答此题，要围绕孔子的“用人观”，首先准确理解三则材料的句意，然后用简要的语句进行归纳概括。①本章孔子叙述郑国外交政令的形成过程，赞扬他们能集思广益、博采众长制定外交辞令慎重与认真的态度。可见孔子主张用人时要“博采众长”。②本章孔子借如何任用孟公绰来阐述自己的观点。可见用人应当“用其所长，避人所短”。③本章是周公对儿子伯禽的训诫之言，他告诫儿子伯禽治理政事要重视人才。周公的命辞中所讲的用人之道，主要包括四点：一、用人要用亲人，不要故意疏远亲人；二、要重用有才能的人，不要让他们抱怨自己得不到重用；三、不要轻易罢免长期在自己手下做事的人；四、人人都有缺点，对谁都不能求全责备。

（2）翻译理解题。根据不同的释义，结合孔子的思想进行阐释理解。

【答案】

（1）用人观：博采众长；用其所长，避人所短（知人善用、因材致用）；对人才不能求全责备。

（2）“施”当“怠慢”讲，是说君子用人不要疏远怠慢自己的亲族，体现了孔子“仁爱”（博爱）的思想。

“施”当“赦宥”讲，是说君子（掌权的人）对自己的亲人不应放松管束，体现了“克己复礼”的思想。

5. 阅读下面《论语》中的文字，回答问题。

①季康子问政于孔子。孔子对曰："政者，正也。子帅[1]以正，孰敢不正？"（《论语·颜渊》）

②子路曰："卫君待子而为政，子将奚先？"子曰："必也正名乎！"子路曰："有是哉，子之迂也！奚其正？"子曰："野哉，由也！君子于其所不知，盖阙如[2]也。名不正，则言不顺；言不顺，则事不成；事不成，则礼乐不兴；礼乐不兴，则刑罚不中；刑罚不中，则民无所措手足。故君子名之必可言也，言之必可行也。君子于其言，无所苟而已矣。"（《论语·子路》）

③子曰："其身正，不令而行；其身不正，虽令不从。"（《论语·子路》）

④子曰："苟正其身矣，于从政乎何有？不能正其身，如正人何？"（《论语·子路》）

注释：【1】帅：通"率"，率领。【2】阙如：存疑。

（1）解释下列句中加点字的含义。

①无所苟而已矣

②苟正其身矣

（2）请写出一个出自第二则语录中的成语。

（3）请概括孔子关于"政"与"正"的认识。

【题解】

（1）理解文言实词在文中的意义和用法。①句意：是从不马虎对待的。②句意：如果端正了自己的言行。

（2）理解句子含义，正确使用成语。

（3）概括观点、态度并谈认识。解答此题，需要到语段中找到孔子关于"政"与"正"的言论，理解意思并进行概括。

【答案】

（1）①苟且，马马虎虎。②如果，假如。

（2）名正言顺（或名不正言不顺）、手足无措。

（3）①孔子认为“为政”就要正确、公正。②执政者要以身作则，给民众做榜样。③如果执政者不能以身作则，就会导致国家政令不通。④要“正名”，把各自的身份角色确立起来，明确职责，这样社会才能正常运转。

6. 阅读下面《论语》中的文字，回答问题。

①子谓南容：“邦有道，不废；邦无道，免于刑戮。”（《论语·公冶长》）

②子曰：“笃信好学，守死善道，危邦不入，乱邦不居。天下有道则见，无道则隐。邦有道，贫且贱焉，耻也；邦无道，富且贵焉，耻也。”（《论语·泰伯》）

③子曰：“直哉史鱼！邦有道，如矢；邦无道，如矢。君子哉蘧伯玉！邦有道，则仕；邦无道，则可卷而怀之。”（《论语·卫灵公》）

面对邦国“有道”和“无道”的不同情况，孔子认为应抱持怎样的态度或采取怎样的做法？请根据以上材料简要概括。

【题解】

理解概括题。根据题干要求，找出相关语句，首先明确两个关键词的词义，“有道”，国家政治清明；“无道”，国家政治黑暗。然后把握句意，进行归纳概括。面对有道，要“不废”“见”“如矢”“仕”，即积极用世，为人正直，以“贫且贱焉”为耻；而面对无道，则需要“免于刑戮”“隐”“卷而怀之”，即保全自己，退隐自守，以“富且贵焉”为耻。但无论“有道”还是“无道”，都应该保持正直的品性。

【答案】

孔子认为当邦国“有道”时，应该积极用世，正直为人，耻于无所作为、苟安于贫贱；当邦国“无道”时，应该能够保全自己，退隐自守，秉持自己的志向和操守，以置邦国于不顾、只牟取个人的富贵为耻。

7. 阅读下面《论语》中的文字，回答问题。

①子畏于匡，曰："文王既没，文不在兹乎？天之将丧斯文也，后死者不得与于斯文也；天之未丧斯文也，匡人其如予何？"《论语·子罕》

②孔子谓季氏："八佾舞于庭，是可忍也，孰不可忍也？"《论语·八佾》

③仪封人请见。曰："君子之至于斯也，吾未尝不得见也。"从者见之。出曰："二三子何患于丧乎？天下之无道也久矣。天将以夫子为木铎。"《论语·八佾》

④子击磬于卫，有荷蒉而过孔氏之门者，曰："有心哉，击磬乎！"既而曰："鄙哉，硁硁乎！莫己知也，斯己而已矣。深则厉，浅则揭。"子曰："果哉！末之难矣。"《论语·宪问》

⑤子路宿于石门。晨门曰："奚自？"子路曰："自孔氏。"曰："是知其不可而为之者与？"《论语·宪问》

（1）"深则厉，浅则揭"意思是水深就穿着衣服涉水，水浅就提起衣襟涉水。这两句出自《诗经·邶风·匏有苦叶》，请分析荷蒉者引用该诗句有何深意？

（2）结合上面几则材料，概述孔子是如何"知其不可而为之"的。

【题解】

（1）深意就是表达荷蒉者对孔子的讥笑、嘲讽以及劝诫。解答此题，应在分析内容的基础上，指出手法，点明情感主旨。

（2）要准确理解章句，用精练的语言结合几则材料概述，把握孔子"知其不可而为之"的精神。

【答案】

（1）"深厉浅揭"是个比喻句，以按照水的深浅采用不同的涉水方式来比喻不同社会的处世方式。水深比喻社会非常黑暗，只得听之任之，如涉水索性放下衣裳直接走过去；水浅比喻社会黑暗的程度不深，可以使自己不受沾染，便如涉水时撩起衣服，免得濡湿。这里是荷蒉者对孔子的讥笑与嘲讽。这句话是一语双关，提示孔子不必太固执，现在天下无道，应该归隐，不要强行出来，出来也不能成功。

（2）①孔子在周游列国、恢复周礼、推行仁道的过程中，虽然被拘于匡，仍坚守礼乐文化。②面对“天下无道久矣”、大道不行、礼乐难兴的状况，孔子对季孙氏用八佾舞于庭院这种典型的破坏周礼的行为极度愤慨。③哪怕遭到荷蒉者这类人的不解与嘲讽，仍坚守信念，知其不可而为之。这充分表现了孔子在困境中执着追求、坚强不屈的献身精神。

8. 阅读下面《论语》中的文字，回答问题。

长沮、桀溺耦而耕，孔子过之，使子路问津焉。

长沮曰：“夫执舆者为谁？”

子路曰：“为孔丘。”

曰：“是鲁孔丘与？”

曰：“是也。”

曰：“是知津矣。”

问于桀溺。

桀溺曰：“子为谁？”

曰：“为仲由。”

曰：“是鲁孔丘之徒与？”

对曰：“然。”

曰：“滔滔[1]者天下皆是也，而谁以易之？且而与其从辟人之士也，岂若从辟世之士哉？”耰而不辍。

子路行以告。

夫子怃然[2]曰：“鸟兽不可与同群，吾非斯人之徒与而谁与？天下有道，丘不与易也。”

（《论语·微子》）

注释：【1】滔滔：比喻世上的纷乱。【2】怃然：怅然若失的样子。

（1）解释文中“知津”的含义。
（2）根据文意，简要回答孔子“怃然”的原因。

【题解】

（1）解释含义题。结合语境把握含义。

（2）理解概括题。准确理解句意，结合语境简要回答即可。“是知津矣”，二人不告，且语含讥讽；“岂若从辟世之士哉”，面对世上的纷乱，二人知其不可，语含劝告；“鸟兽不可与同群”四句，世无所避，知其不可而为之，但又前途渺茫。

【答案】

（1）含义：知道天下出路或知道人生方向。

（2）原因：①世道纷乱。②不被理解，甚至遭受讥讽。③前途渺茫。

哲　学

《论语》没有完整系统的哲学体系，它的哲学思想多散落在各章句中。但一个学派的形成是离不开其哲学基础的。经过梳理，我们大体能看到孔子哲学基础的原貌。

中庸之道。“中庸之为德也，其至矣乎！”孔子认为，中庸是人们最高尚的道德品质，中庸致和是整个世界存在和发展的根本规律，人们应该用这个观点来认识和处理面临的各种问题。这就是孔子的哲学观点。孔子提出要允执其中，不偏不倚，同时认为“过犹不及”，在认识和处理客观事物和主观思想时，要适中合度，恰如其分。

和。即和谐，和睦，孔子的处世观。“礼之用，和为贵”，要达到这一美好境界，首先要“正名”，如“君君，臣臣，父父，子子”，“正名”就是要求名称所指之物，符合名称所要求的规范。其次，要“和而不同”，包容共存。“和”不是无是非、无原则、无目的地调和、折中、和稀泥，要有独立性，但也允许不同的学说、思想存在。在各个社会领域，在各种人物之间，都必须展开不同形式的批评与斗争，才能达成与维护“和”的状态。

人性。孔子说：“性相近也，习相远也。”孔子认为，人之初，性相近，相差不大，而后的生活习惯使人产生很大的差异。他强调的是后天的教育与影响。也许他认为这个问题很清楚，“夫子之言性与天道，不可得而闻也”（子贡语），孔子少谈人性和天道。这为孟子与荀子“性善（恶）论”的争论埋下了伏笔。

天道。一般指自然和人类社会吉凶祸福的关系。在孔子看来主要包括两个方面。一是敬畏天命。一方面是因为天行有常，人们应该遵循自然规律行动，应当维持自然界的可持续发展；另一方面是因为天行无常，如风雨雷电、兴衰荣辱、生老病死等，人们对这些自然和人生难测难控的现象无法理解，无力掌控，感到似乎有一股神秘而巨大的力量在暗中操纵，所以人应该敬天畏天，学会预防和应对灾难。二是敬鬼神而远之。

孔子对鬼神持存疑态度，他一方面为了“礼”，祭神如神在，说“吾不与祭，如不祭”，表达应有的敬意；另一方面又强调“未能事人，焉能事鬼”，“未知生，焉知死”，提出要敬而远之，避免争论。

综上所述，孔子的哲学是实用哲学。他不耽于理性的逻辑思辨，更关注现实问题的解决。所以在“是什么”“为什么”“怎么办”三个问题中，他很少研究前两者，却对后者有着深入的思考，《论语》中的“如之何”就是他的口头禅。致力于解决现实问题是孔子一生的追求！

中庸之道

1. 阅读下面《论语》中的文字，回答问题。

①子贡问："师[1]与商[2]也孰贤？"子曰："师也过，商也不及。"曰："然则师愈与？"子曰："过犹不及。"(《论语·先进》)

②子曰："质胜文则野，文胜质则史。文质彬彬，然后君子。"(《论语·雍也》)

注释：【1】师：颛孙师，字子张，孔子的学生。【2】商：卜商，字子夏，孔子的学生。

两则语录都反映了孔子怎样的思想？请结合其中一则简要说明。

【题解】

理解概括题。首先要明确是"中庸"思想，"中庸"二字必须出现。对"中庸"的解释，如不偏不倚、无过无不及、恰到好处、中正平和、折中调和、执两用中（执其两端用其中）等都可以。要注意结合材料分析。

【答案】

示例一：两则语录都反映了孔子的中庸思想。中庸是指处理事情不偏不倚、既不过头也不会不足的态度。子贡向孔子询问做事有些过头的子张（师）是否比做事有些不足的子夏（商）更强一些，孔子回答说超过与赶不上都不好，这种"过犹不及"的态度，正是孔子中庸思想的表现。

示例二：两则语录都反映了孔子的中庸思想。中庸是指处理事情不偏不倚、既不过头也不会不足的态度。孔子认为朴实胜过文采，就会显得粗野，文采胜过朴实，就会显得虚浮，只有朴实与文采配合适当，才可称为君子。孔子不偏重于朴实和文采（文与质）中的任何一方，而是取其中而行之，正体现了他的中庸思想。

和

1. 阅读下面《论语》中的文字，回答问题。

①有子曰："礼之用，和为贵。先王之道，斯为美。小大由之。有所不行，知和而和，不以礼节之，亦不可行也。"(《论语·学而》)

②子曰："君子和而不同，小人同而不和。"(《论语·子路》)

请解释两则章句中"和"的含义，再结合两则语录谈谈你对"和"的认识。

【题解】

解释含义，可以合起来解释，也可以分别解释。若采取后一种方式，第一则中的"和"可理解为"恰当"，第二则中的"和"可理解为"合群""协调差异"等。谈认识，要结合材料进行归纳分析。

【答案】

含义："和"，和谐、调和、和睦、中和、相和。

认识：①"和"与"礼"相互作用，在强调礼治的基础上，要注意用"和"来调节；在强调"和谐"的时候，要注意用"礼治"来约束。②既要保持"和谐"，也要坚持独立。

天道

1. 阅读下面《论语》中的文字，回答问题。

①死生有命，富贵在天。(《论语·颜渊》)

②未知生，焉知死。(《论语·先进》)

上面《论语》中的句子，体现了儒家对命运、生命的思考，请任选一句，谈谈你的理解。

【题解】

分析评价题。任选一句，要准确理解句意，然后做出合理的评判。

【答案】

示例一："死生有命，富贵在天"，意思是死生听之命运，富贵由天安排。对此可辩证地看，虽有宿命论的成分，但也有人的生死是自然规律，不为人类自身所左右的意思。

示例二："未知生，焉知死"，意思是没有弄明白"生"的道理，是不能够懂得"死"的，体现了儒家重视珍惜人生来体现生命价值的思想。

教 育

孔子在教育方面有很多精辟的言论。可以肯定地说，中国传统教育的基本理论及最宝贵的教学方法，都是孔子奠基的，都可以从《论语》中探得源头。《论语》中诸多有关教、学、思、问的言论事例，都是值得我们遵循研讨的。

教。孔子开创了私人自由讲学的风气，积累了丰富的教育经验，形成了比较系统的教育思想。从教育的对象来看，他主张“有教无类”。这简短的四个字，奠定支配了两千多年中国传统教育的广阔思路与伟大精神。从教育的内容来看，他主张“文、行、忠、信”。以“志于道，据于德，依于仁，游于艺”为教学总纲，以“四教”为教学内容，体现了孔子对教育教学的具体思考，也表明孔子的教学是学问与德行并重的。特别值得一提的是孔子对《诗》的教育功能的重视，以诗为教，可以陶冶性情，引人超越俗世的逼仄无味而趋向理想中的自由、永恒与美，给人超拔的力量。从教育的方法来看，他主张“因材施教”“启发式教育”。“因材施教”，是尊重个性，因材而教。孔子的学生经常问到仁、孝、为政、君子等问题，孔子总是针对不同的人，给予不同的回答。“启发式教育”，是面对学生“愤”“悱”状态而进行的“启”“发”。而且，孔子力求学生能做到举一反三，触类旁通。从教育的态度来看，他主张“诲人不倦”。保持一种长久的生命激情，是孔子这位“至圣先师”的教育情怀。

学。修身之道以学为本，知识的增长、眼界的开阔、境界的提升，莫不由学。从学习的意义来看，学习为己。“人不知而不愠”表达的其实就是学习为己之意。求学的意义在于自我内在的提升。从学习的目的来看，学以致用。学习不仅是对知识的学习，更重要的是在实践中运用，实践既是使学习更加深入而有成效的方法，又是学习的目的。学的目的在于用，用则表现在对外在世界的改造及对内心境界的提升上。从学习的境界来看，学习之乐。君子真正的人生志向，应该在求道，也就是修身，以达到一种崇高的人格境界。

思与问。人非生而知之者，焉能不学。学而不思，则终不过是一个行走的书橱，于处世于治学徒增系缚，无所助益。学而不问，则终不过是一个混沌的器皿，于处世于治学徒陷囹圄，难以顿悟。从治学的角度看，孔子提倡“温故而知新”的学习规律，强调“学而不思则罔，思而不学则殆”的学习方法，主张“知之为知之，不知为不知”“敏而好学，不耻下问”的学习态度。

教

1. 阅读下面《论语》中的文字，回答问题。

①子贡曰："贫而无谄，富而无骄，何如？"子曰："可也；未若贫而乐，富而好礼者也。"（《论语·学而》）

②子贡曰："《诗》云：'如切如磋，如琢如磨'，其斯之谓与？"子曰："赐也，始可与言《诗》已矣，告诸往而知来者。"（《论语·学而》）

③子贡问曰："孔文子何以谓之'文'也？"子曰："敏而好学，不耻下问，是以谓之'文'也。"（《论语·公冶长》）

④子贡问为仁。子曰："工欲善其事，必先利其器。居是邦也，事其大夫之贤者，友其士之仁者。"（《论语·卫灵公》）

从这几则论语来看，孔子在教育中关注哪些方面？选择其中一个方面，谈谈你的认识或看法。

【题解】

本题涉及两种题型：理解概括题和分析评价题。解答此题，首先准确理解章句句意，然后对孔子在教育中关注的方面进行归纳概括。在此基础上，选择其中一个方面明确认识，谈看法，结合材料进行分析。可以不拘于此处所提供的句子，但另选句子时应对所选句子作呈现。

【答案】

第一问：礼、德、安贫乐道、学习方法、谦虚好学、学以致用。

第二问：（示例）选择"礼"。孔子希望他的弟子以及所有人，都能够达到贫而乐道、富而好礼的理想境界，因而在平时对弟子的教育中，就把这样的思想讲授给他们。贫而乐道，富而好礼，在社会上无论贫或富都能做到各安其位，便可以保持社会的安定了。孔子对子贡比较满意，在这段对话中可以看出，子贡能独立思考、举一反三，因而得到孔子的赞扬。这是孔子教育思想中的一个显著特点。师生间一问一答，亲切自然，关系平等，气氛融洽。

2. 阅读下面《论语》中的文字，回答问题。

①子贡曰："《诗》云：'如切如磋，如琢如磨'，其斯之谓与！"子曰："赐也，始可与言《诗》已矣，告诸往而知来者。"(《论语·学而》)

②子所雅言，《诗》、《书》、执礼，皆雅言也。(《论语·述而》)

③子夏问曰："'巧笑倩兮，美目盼兮，素以为绚兮'何谓也？"子曰："绘事后素。"曰："礼后乎？"子曰："起予者商也！始可与言《诗》已矣。"(《论语·八佾》)

（1）解释"如切如磋，如琢如磨"的含义。

（2）《论语·季氏》中孔子说："不学《诗》，无以言。"请根据上面的文字，说说孔子这样说的理由。

【题解】

（1）解释含义题。需要认真阅读文段，仔细翻译，然后结合上下文、抓住句中关键字词进行理解分析。首先要弄清"如切如磋，如琢如磨"的本义，然后根据语境，弄清楚引申义、比喻义。

（2）阐述理由题。理解句子含义，并在此基础上筛选出与之相关的信息，分点作答。根据②"子所雅言，《诗》、《书》、执礼，皆雅言也"和③"子曰：'绘事后素。'曰：'礼后乎？'子曰：'起予者商也！始可与言《诗》已矣。'"可知，孔子认为《诗》《书》都是雅言，即规范语言，诵读《诗》《书》，述说礼仪，都应使用雅言。

【答案】

（1）"切、磋、琢、磨"本义是指骨、角、玉、石等加工工艺。在文中"如切如磋，如琢如磨"比喻在道德学问方面相互研讨勉励（或指共同研究学习，互相取长补短）。

（2）《诗》是雅言，即规范语言。诵读《诗》《书》、述说礼仪时，都要用规范语言。学习《诗》，不仅要学习其中的道理，还要学习其中的语言表达，这样就可以提升语言的表达能力。所以孔子说“不学《诗》，无以言”。

3. 阅读下面《论语》中的文字，回答问题。

①子曰：“《诗》三百,一言以蔽之，曰：‘思无邪’。”(《论语·为政》)

②子曰：“诵《诗》三百，授之以政，不达；使于四方，不能专对；虽多，亦奚以为？”(《论语·子路》)

③尝独立，鲤趋而过庭。曰：“学《诗》乎？”对曰：“未也。”“不学《诗》，无以言。”鲤退而学《诗》。(《论语·季氏》)

（1）请解释“一言以蔽之”与“鲤趋而过庭”。

一言以蔽之________

鲤趋而过庭________

（2）综合以上材料，简述孔子重视学习《诗》的理由。

【题解】

（1）说明解释题。要把关键词“蔽”“趋”翻译准确。

（2）阐释理由题。从修身、治国、外交、语言表达四个方面简述，表达得体即可。

【答案】

（1）①用一句话来概括它。②鲤恭敬地快步走过庭院。

（2）①《诗》所表达的思想纯正，对人的健康成长有益。②学习《诗》可以增长解决政治问题的知识，对提高治国能力有益。③学习《诗》可以增加解决外交问题的知识，对提高外交水平有益。④学习《诗》可以增长语言表达方面的知识，对提高应对能力有益。

4. 阅读下面《论语》中的文字，回答问题。

①子曰：“诵《诗》三百，授之以政，不达；使于四方，不能专对；虽多，亦奚以为？”(《论语·子路》)

②陈亢问于伯鱼曰："子亦有异闻乎？"对曰："未也。尝独立，鲤趋而过庭。曰：'学《诗》乎？'对曰：'未也。''不学《诗》，无以言。'鲤退而学《诗》。"（《论语·季氏》）

③子曰："小子何莫学夫《诗》？《诗》，可以兴，可以观，可以群，可以怨。迩之事父，远之事君；多识于鸟兽草木之名。"（《论语·阳货》）

在孔子看来，学《诗》有哪些作用？请根据以上几则《论语》选文简要说明。

【题解】

理解概括题。围绕学《诗》的作用，首先准确理解句意，然后进行简要归纳概括。

【答案】

作用：①可以指导为政，助力外交（授之以政而达，使于四方能专对）。②可以增进交流而协调人际关系（不学诗无以言、可以群可以怨、事父事君）。③可增加知识（多识鸟兽草木之名），可训练思维以培养联想力、观察力（可以兴可以观）。

5. 阅读下面《论语》中的文字，回答问题。

①子曰："《诗》三百，一言以蔽之，曰：'思无邪'。"（《论语·为政》）

②子曰："小子！何莫学夫《诗》？《诗》，可以兴，可以观，可以群，可以怨。"（《论语·阳货》）

③（子）尝独立，鲤趋而过庭。曰："学《诗》乎？"对曰："未也。""不学《诗》，无以言。"鲤退而学《诗》。（《论语·季氏》）

（1）请指出"一言以蔽之"中的"一言"指什么，并解释其所指内容的意思。

（2）请综合以上材料，简要概括读《诗》对我们的意义，并择其中一点结合现实生活谈谈你从中得到的启示。

【题解】

（1）说明解释题。“一言”的意思是“一句话”，在句中指“思无邪”。此处的“思”可理解为“思想”，“无邪”可理解为“纯正”。

（2）本题涉及理解概括和分析评价。命题指向是对作品进行个性化阅读和有创意的解读。解答此题，首先准确理解句意，然后简要概括读《诗》对我们的意义。在此基础上，谈启示，要明确选择其中一点来展开，注意结合现实生活材料来谈。

【答案】

（1）“一言”指的是“思无邪”，其意思是“(《诗》)思想主旨纯正无邪”。

（2）读《诗》，可以借其纯正的思想提升我们的境界、陶冶我们的情操、激发我们的心志，助我们观察、融入、评论（参与）社会生活，帮我们提高处世立言的能力。

启示：（示例）第二则材料谈的是学《诗》的意义和作用。在现实生活中，人们性情颓堕，认不清世间万象，不会跟人和谐相处，有了怨愤找不到恰切的纾解情绪的方法等，各种问题不一而足。要想解决这些问题，提升境界，陶冶情操，激发心志，参与社会生活，阅读《诗》无疑是最好的选择。

6. 阅读下面《论语》中的文字，回答问题。

①颜渊问仁。子曰：“克己复礼为仁。一日克己复礼，天下归仁焉。为仁由己，而由人乎哉？”颜渊曰：“请问其目。”子曰：“非礼勿视，非礼勿听，非礼勿言，非礼勿动。”颜渊曰：“回虽不敏，请事斯语矣。”(《论语·颜渊》)

②子张问：“士何如斯可谓之达矣？”子曰：“何哉，尔所谓达

者？”子张对曰：“在邦必闻，在家必闻。”子曰：“是闻也，非达也。夫达也者，质直而好义，察言而观色，虑以下人。在邦必达，在家必达。夫闻也者，色取仁而行违，居之不疑。在邦必闻，在家必闻。”（《论语·颜渊》）

③陈亢问于伯鱼曰：“子亦有异闻乎？”对曰：“未也。尝独立，鲤趋而过庭。曰：‘学《诗》乎？’对曰：‘未也。’‘不学《诗》，无以言！’鲤退而学《诗》。他日，又独立，鲤趋而过庭。曰：‘学礼乎？’对曰：‘未也。’‘不学礼，无以立！’鲤退而学礼。闻斯二者。”（《论语·季氏》）

颜渊在评价孔子时说“夫子循循然善诱人”，请简要分析以上三则章句，说说孔子是如何循循善诱的。

【题解】

循循善诱，即善于有步骤地进行方法引导。结合章句进行具体分析，可以逐则分析，也可以先总后分。如是后者，答题思路：先明确是通过问答式的教学方式来循循善诱的，然后结合材料具体分析。

【答案】

①孔子面对颜回问“仁”，先正面告诉其“仁”之“纲”，通过反问的方式，启发诱导弟子进一步发问，从而从反面张目，在一问一答中让弟子理解“仁”的内涵。②孔子面对子张问“达”，通过诱导，先让子张说出自己的理解，然后用“闻”与“达”一对概念的辨析，来告诉弟子何谓真正的“达”。③孔子既询问关心孔鲤学《诗》和学礼，也言明学《诗》和学礼的重要性，从而让孔鲤受到启发，接受教育。

学

1. 阅读下面《论语》中的文字，回答问题。

①子夏曰："贤贤易色；事父母，能竭其力；事君，能致其身；与朋友交，言而有信。虽曰未学，吾必谓之学矣。"(《论语·学而》)

②卫公孙朝问于子贡曰："仲尼焉学？"子贡曰："文武[1]之道，未坠于地，在人。贤者识其大者，不贤者识其小者。莫不有文武之道焉。夫子焉不学？而亦何常师之有？"(《论语·子张》)

注释：【1】文武：指周文王和周武王。

上面文字蕴含了许多关于"学"的道理，请分条概括。

【题解】

理解概括题。围绕"学"，首先准确理解句意，然后进行归纳概括。

【答案】

要点：①学习者要端正学习态度。②学习的重点在于提高人的品德。③要在生活实践中学习（要为了实际应用而学习）。④学习的内容（高深的道理）就在学习者的身边。⑤学习不必有固定的老师，学习者要有谦虚向学之心。⑥学习者要善于在生活中发现自己学习的内容。

示例：①"学"体现在一个人处世上，要保持和颜悦色的态度，孝顺父母，为人办事尽职尽责，与人交流言而有信，通过"学"达到人格的完善。②学习的过程在于自身，贤能的学者能"识其大"，把握关键。③"学"无常师，要不断进行学习探索。

2. 阅读下面《论语》中的文字，回答问题。

①宰予昼寝。子曰："朽木不可雕也，粪土之墙不可圬也；于予与何诛？"(《论语·公冶长》)

②子曰："加我数年，五十以学《易》，可以无大过矣。"（《论语·述而》）

③子在川上，曰："逝者如斯夫，不舍昼夜。"（《论语·子罕》）

④子曰："苟有用我者，期月而已可也，三年有成。"（《论语·子路》）

（1）请解释"宰予昼寝"和"不舍昼夜"。

（2）结合以上材料，简述孔子对时间的认识。

【题解】

（1）说明解释题。"舍"，止息，停止。

（2）理解概括题。围绕"孔子对时间的认识"，首先准确理解句意，然后进行归纳概括。

【答案】

（1）宰予昼寝：宰予在白天睡觉。不舍昼夜：白天黑夜都不停止。

（2）要点：①浪费时间，就是浪费生命。②利用时间，不断学习，增加个体生命质量。③时间飞逝，时不我待。④合理利用时间，就会事业有成。

示例：孔子认为时间过得很快，要把握时间去学习，不能浪费时间不干正事，一直学习，到了满月、满年必将学有所成。

3. 阅读下面《论语》中的文字，回答问题。

子游曰："子夏之门人小子，当洒扫应对进退，则可矣，抑末也。本之则无，如之何？"

子夏闻之，曰："噫！言游[1]过矣！君子之道，孰先传焉？孰后倦焉？[2]譬诸草木，区以别矣。君子之道，焉可诬也？有始有卒者，其惟圣人乎！"（《论语·子张》）

注释：【1】言游：即子游。【2】意思是：君子之道，哪一样应该先传，哪一样应该后传？

对于学习“洒扫应对进退”之事，子游与子夏的观点分别是什么？请联系现实，谈谈你更认同谁的观点。

【题解】

首先分别概括二人的观点，然后表明态度更认同谁的观点，联系现实进行举例分析。

【答案】

第一问：子游的观点：洒扫应对进退是小事，学习这些是舍本逐末。学习应先学君子之道的根本，再学洒扫应对进退这些细枝末节。

子夏的观点：学习君子之道是不论先传与后传的，洒扫应对进退等小事应该学习，道在其中。

第二问：我更同意子夏的观点。常言道“一屋不扫何以扫天下”，便知小事和所谓“末节”之重要性，若平日中我们连洒扫、向人问好等小事都做不到位，那么修习更宏阔的仁道、君子礼义更是无从谈起的。做事应从点滴做起。

4. 阅读下面《论语》中的文字，回答问题。

子曰：“诵《诗》三百，授之以政，不达；使于四方，不能专对。虽多，亦奚以为？”（《论语·子路》）

（1）从这则语录看，孔子对《诗》作用的认识是什么？请结合语录简要分析。

（2）请用四字词语概括这则语录反映出的学习观。

【题解】

这两道题目都是理解概括题。（1）更侧重分析概括作者的观点态度。（2）更侧重理解概括文段意思。解答此题，首先要审清楚题干的要求，然后到材料中找出孔子评价《诗》的内容，准确理解句意，概括出孔子的认识以及语段反映出的学习观。

【答案】

（1）认识：能够将知识运用到为政、外交方面。学习《诗》是为了实践、运用。

（2）学习观：学以致用。

5. 阅读下面《论语》中的文字，回答问题。

①子曰："知之者不如好之者，好之者不如乐之者。"（《论语·雍也》）

②子曰："三人行，必有我师焉。择其善者而从之，其不善者而改之。"（《论语·述而》）

③子曰："诵《诗》三百，授之以政，不达；使于四方，不能专对。虽多，亦奚以为？"（《论语·子路》）

（1）请解释"知之者"与"乐之者"。

（2）综合以上材料，简述孔子提出的学习经验，并就其中一点谈谈对你的启示。

【题解】

（1）说明解释题。本题是对重要词语的理解。"知"，知道，懂得；"乐"，以之为乐。

（2）本题涉及两种题型：理解概括题和分析评价题。解答此题，围绕"学习经验"，首先准确理解句意，进行简要概述，然后对观点进行评价探究。《论语·雍也》章句强调兴趣的重要性，《论语·述而》章句强调谦虚好学的重要性，《论语·子路》章句强调在努力学习的基础上"授之以政"，进行实际锻炼，学以致用。

【答案】

（1）"知之者"是懂得学习的人；"乐之者"是以学习为乐的人。

（2）学习经验：以兴趣为师；虚心好学，审辨学习；重视实践，学以致用。

启示：（示例）在《论语·子路》中，孔子提出的观点是读书要学以致用。怎样学习才是最有效的，怎样去读书才是最有用的，只有把所学知识运用到实践中，让知识指导实践，让实践检验知识，这样才算得上是会学习的人。书读得好，拥有渊博的学识，这当然是一件好事，但光有书本知识而不进行实际操作，不用实践去检验，永远只能是“行动上的矮子”，是不可能做好事情的。

6. 阅读下面《论语》中的文字，回答问题。

①子曰：“见贤思齐焉，见不贤而内自省也。”（《论语·里仁》）

②子张曰：“士见危致命，见得思义，祭思敬，丧思哀，其可已矣。”（《论语·子张》）

③子夏曰：“博学而笃志，切问而近思，仁在其中矣。”（《论语·子张》）

（1）请解释“见贤思齐”与“见得思义”。

（2）结合以上材料，请分条简述“思”对于提升个人修养的意义。

【题解】

（1）说明解释题。“贤”，有德行之人；“得”，所得，得利的事。

（2）理解概括题。围绕“思”，准确理解句意，归纳概括其对于提升个人修养的意义。

【答案】

（1）见贤思齐：见到有德行的人想向他看齐。

见得思义：遇到得利的事要考虑其是否符合道义。

（2）意义：①树立人生榜样。“见贤思齐”两句指出，要向榜样看齐，心存这样的想法才能让自己更好更快地发展。②约束言行举止。“见得思义”几句强调，只有约束自己的言行，才能成立身之大节。③提升思想境界。“切问而近思”几句指出，博学笃志，多考虑当前的问题，仁德就在其中了，人的境界便达到了一个新的高度。

7. 阅读下面《论语》中的文字，回答问题。

①子入太庙，每事问。或曰："孰谓鄹人之子知礼乎？入太庙，每事问。"子闻之，曰："是礼也。"（《论语·八佾》）

②子曰："由！诲女知之乎！知之为知之，不知为不知，是知也。"（《论语·为政》）

根据语境，在下面文段中的横线上用《论语》中的原句或自己的话填写恰当的词句。

一次，孔子见到其弟子子路（字仲由），好像忽然想起什么，就对他说："仲由啊，我从前教你的记住了吗？________，________，这才是真明白。"学习要有谦逊的态度。孔子这样要求学生，他自己也是以身作则的。一次，他到太庙里去，"每事问"。有人在背地里议论："谁说那个鄹人之子懂礼啊？________，________。"这话传到孔子耳朵里，孔子说："这就是礼呀！"在学习上，孔子始终保持着这样的态度。正如他夸奖孔文子所说，是敏而好学，________。

【题解】

理解概括题。在准确理解句意的基础上，结合语境填写恰当的词句，用《论语》中的原句或自己的话均可。

【答案】

①知之为知之，不知为不知（或：懂就是懂，不懂就是不懂）。②到太庙里，见到什么都问（或：什么都不懂）。③不耻下问。

8. 阅读下面《论语》中的文字，回答问题。

①子贡问曰："孔文子何以谓之'文'也？"子曰："敏而好学，不耻下问，是以谓之'文'也。"（《论语·公冶长》）

②曾子曰："以能问于不能，以多问于寡；有若无，实若虚；犯而不校。昔者吾友尝从事于斯矣。"（《论语·泰伯》）

（1）请解释“有若无，实若虚；犯而不校”。

（2）结合以上材料，简述孔子与曾子思想的相同点，并谈谈对你的启示。

【题解】

（1）说明解释题。要抓住关键词语仔细推敲。“有”，有学问；“无”，没有学问；“实”，充满，指满腹知识；“虚”，空虚，指没有知识；“犯”，被冒犯；“校”，指计较。

（2）理解概括，并谈启示。

【答案】

（1）有学问却像没学问一样，满腹的知识却像空虚没有知识；即使被冒犯，也不去计较。

（2）相同点：都主张要有不耻下问的精神。

启示：（示例）孔子和曾子的学识和道德水平都远超当时的其他人，然而他们却始终保持谦虚的态度，愿意向远不如自己的人请教、学习，即使自己有知识，面对自己不曾接触过的领域，也诚恳询问。这启示我们在学习上应该保持谦虚的心态，面对不懂的问题，要多请教询问他人，不要不懂装懂，故步自封。

9. 阅读下面《论语》中的文字，回答问题。

子路问君子。子曰：“修己以敬。”曰：“如斯而已乎？”曰：“修己以安人。”曰：“如斯而已乎？”曰：“修己以安百姓。修己以安百姓，尧舜其犹病诸。”（《论语·宪问》）

文中的子路是否是个“善问者”？请结合文段内容进行合理分析。

【题解】

分析评价题。首先明确观点，即子路是个“善问者”或不是“善问者”；其次分析出文字背后的含义，要有理有据进行合理分析，比如由易到难，抓住关键，不断追问，解决问题等。可从问的内容、过程、结果来探讨。

【答案】

示例：子路是个“善问者”。文中，子路向孔子询问什么是君子，他首先得知“修己以敬”在自身层面上的含义，后又在追问中明白“修己以安人”在家庭社会层面上的含义，以及“修己以安百姓”在国家天下层面上的含义。在不断的追问中，子路从最基础的层面入手，层层深入地了解了何为君子，是“善问者”。

10. 阅读下面《论语》中的文字，回答问题。

①子曰：“吾尝终日不食，终夜不寝，以思，无益，不如学也。”（《论语·卫灵公》）

②子曰：“饱食终日，无所用心，难矣哉！不有博弈[1]者乎？为之，犹贤[2]乎已。”（《论语·阳货》）

注释：【1】博：六博，古代一种棋局游戏。弈：围棋。【2】贤：好。

（1）下列对这两则语段文意的理解，正确的一项是（　）

A. 孔子认为饱食终日与终日不食都无益。

B. 孔子主张抓紧一切时间用来思考问题。

C. 孔子主张抓紧一切时间用来专心学习。

D. 孔子认为博弈游戏对人有益值得提倡。

（2）诗人朱自清将自己的旧体诗集命名为《犹贤博弈斋诗钞》。请结合第二则语段，谈谈你对朱自清命名诗集用意的理解。

【题解】

（1）文意理解题。题干要求选择对这两则语段文意的理解正确的一项。从第一则的最后部分，可知是强调学习。从第二则“饱食终日，无所用心”，可知强调要专心致志。

（2）把握文章主旨进行个性化解读。朱自清把自己的旧体诗集命名为《犹贤博弈斋诗钞》，化用了孔子“不有博弈者乎？为之，犹贤乎已”这句话，说明他喜爱古典诗词，偶作的这些古典诗词有博弈游戏的趣味，更委婉地说明自己并没有虚度光阴，饱食终日，无所用心。这正是朱自清的雅好和闲情逸致。

【答案】

（1）C

（2）朱自清谦逊地表达了自己没有饱食终日，无所用心，认为自己的旧体诗创作比博弈游戏好一点。

11. 阅读下面《论语》中的文字，回答问题。

①“知之者不如好之者，好之者不如乐之者。”(《论语·雍也》)

②“力不足者，中道而废，今女画。”(《论语·雍也》)

③“默而识之，学而不厌。”(《论语·述而》)

④“三人行，必有我师焉，择其善者而从之，其不善者而改之。”(《论语·述而》)

阅读上面的文字，分别概括《论语》中孔子认为正确的学习态度。

【题解】

理解概括题。解答此题，围绕“学习态度”，首先准确理解句意，把握内容和观点，然后用简要的话加以概括。①讲的是兴趣对于学习的重要性。②讲的是学习的态度问题，即要坚持学习，不要半途而废。③讲的是学习的方法和态度，要默记知识，脚踏实地，永不满足。④讲的是学习的原则和方法，要善于从正反两方面着眼，才是真的会学习。

【答案】

孔子认为正确的学习态度：①追求学问首先在于爱学、乐学，真正爱好学习的人，因学习而快乐的人才能真正学习好。②要知难而进，不要半途而废。(认为所谓能力不够的人，是走在中途就停下来，以能力不够划地自限，实际上是没有坚持到底的缘故。)③学习要有踏踏实实的精神，默默地记住学到的知识，努力学习而不满足。④学习要虚心求教，不耻下问，注意向他人学习，取人之长，补己之短。

综　合

对《论语》的阅读，除了单维度研读，还需要进行综合性的分析探究。这既是进行整本书阅读、提升阅读品质的要求，也是建构阅读文化名著之方法与经验的重要路径。综合性题目的类型有很多，包括综合作答类、认识感悟类、研读探究类、情境写作类等。

综合作答类。这类题目基于对整本书阅读的思考，兼顾不同层次的考生，设置难度不一的几道题目，以促进真阅读的发生为目的，进行综合性考查。

认识感悟类。这类题目多是调动考生对书中的人物形象、典型事件或整部作品的认知，谈自己的感受与理解，表述中往往有叙述主体情感体验的介入。

研读探究类。这类题目主要以专题学习、主题学习、项目学习的形式展开，带有模块学习或研究性学习的性质，在理性分析中进行问题探究。

情境写作类。这类题目多是根据问题情境展开，要求考生在具体的语言运用情境中，按照一定真实具体的学习任务来完成情境任务。

上述综合性题目，是今后高考阅读考查的方向，值得重点关注。

1. 阅读下面《论语》中的文字，完成（1）—（2）题。

①子曰："自行束脩以上，吾未尝无诲焉。"（《论语·述而》）

②子曰："若圣与仁，则吾岂敢？抑为之不厌，诲人不倦，则可谓云尔已矣。"（《论语·述而》）

③子曰："学如不及，犹恐失之。"（《论语·泰伯》）

④叔孙武叔语大夫于朝曰："子贡贤于仲尼。"子服景伯以告子贡。子贡曰："譬之宫墙，赐之墙也及肩，窥见室家之好。夫子之墙数仞，不得其门而入，不见宗庙之美，百官之富。得其门者或寡矣。夫子之云，不亦宜乎！"（《论语·子张》）

（1）从①—③则章句可以看出孔子是一个怎样的人？请结合具体内容简要分析。

（2）山东曲阜孔庙前的仰圣门上，题有四个大字："万仞宫墙"（如图）。请结合第④则章句内容解释"万仞宫墙"的意思，并说明将它题写在此处有何深意。

【题解】

（1）根据①—③则章句概括人物形象，要结合内容分析，解释要与概括的形象相对应。

对①则章句里"束脩"一词要准确把握。束脩，古代民间上下级、亲戚、朋友之间相互馈赠的一种礼物。古代学生与教师初次见面时，必先奉赠礼物，表示敬意，被称为"束脩"。这一礼仪早在孔子的时候已经实行。唐代学校中仍采用束脩之礼，并由国家明确规定，不过礼物的轻重，随学校的性质不同而有差别。教师在接受礼物时，还须奉行相当的礼节。束脩的致送，表示学生对教师的尊敬。

（2）第一问，要从“万仞宫墙”字面义及深层义作解释。第二问，要结合语境“仰圣门”解读，将其题写于此表明了孔子的崇高地位（解读“圣”），表达了世人对孔子的尊崇和敬仰（解读“仰”）。

【答案】

（1）要点：①有教无类。②诲人不倦。③谦逊。④好学。

示例：①弟子只要送一束腊肉之礼，孔子便教育他，可以看出孔子是一个有教无类之人。②孔子不敢自称仁圣，不以圣贤自居，可以看出他是一个谦逊仁德、诲人不倦的人。③孔子做学问怕追赶不上，学了又怕忘记，可以看出他是一个求知若渴、好学不倦、勤奋进取的人。

（2）①“万仞宫墙”是说围墙有万仞高，指孔子的道德学问渊博高深，一般人无法领悟其奥妙。②将其题写在此处，借子贡对孔子的称颂，彰显孔子“圣人”的崇高地位，表达了世人对孔子的尊崇和敬仰。

2. 阅读下面《论语》中的文字，完成（1）—（2）题。

①子曰：“有教无类。”（《论语·卫灵公》）

②子曰：“不愤不启，不悱不发。举一隅不以三隅反，则不复也。”（《论语·述而》）

③颜渊喟然叹曰：“仰之弥高，钻之弥坚。瞻之在前，忽焉在后。夫子循循然善诱人，博我以文，约我以礼，欲罢不能。既竭吾才，如有所立卓尔，虽欲从之，末由也已。”（《论语·子罕》）

（1）①孔子有弟子三千，七十二贤人，培养了大量的优秀人才，请写出除颜渊外“孔门十哲”中另外四人的名字。

②从上述材料颜渊的话中可以看出他是一个怎样的人？

（2）北京孔庙的大成殿正中悬挂着康熙二十三年御笔“万世师表”匾（如图）。请根据你的知识储备解释“万世师表”的意思，并结合上述材料以及《论语》原著中的章句谈谈如此评价的理由。

【题解】

（1）①“孔门十哲”在书中有专门的章句。德行：颜渊、闵子骞、冉伯牛、仲弓。言语：宰我、子贡。政事：冉有、季路。文学：子游、子夏。

②概括人物形象，主要结合材料③中颜渊的话进行归纳。

（2）第一问是解释说明，第二问是分析评价。第二问有一定难度，既要结合所给章句进行总结，更要结合对《论语》整本书的阅读进行总结。

【答案】

（1）①德行：闵子骞、冉伯牛、仲弓；言语：宰我（宰予）、子贡；政事：冉有、季路（子路）；文学：子游、子夏。（写出其中任意4人即可）

②颜渊是一个崇敬老师、谦虚好学、乐于钻研、博学于文、以礼约束、追求卓越的人。

（2）万世师表：（世代）值得永远学习的榜样（表率）。

理由：①为平民接受教育开辟了一条道路，没有贫贱、地域、阶层的区分。②提出了启发式的教学方法——愤启悱发，举一反三、活学活用。③注重培养德才兼备的君子，强调正道直行。④提出了非常明确的教学总纲、教学内容、教学途径和方法，如“志于道，据于德，依于仁，游于艺”，“文、行、忠、信”等。⑤强调以“仁”为核心，提升自我修养，做到“温良恭俭让”。⑥倡导“仁义礼智信”，维护社会稳定。⑦倡导“孝”，强调“百善孝为先”，做到“生，事之以礼；死，葬之以礼，祭之以礼”。⑧积极入世，致力恢复礼坏乐崩的社会风尚等。

3. 阅读下面《论语》中的文字，回答问题。

①棘子成曰：“君子质而已矣，何以文为？”子贡曰：“惜乎，夫子之说君子也！驷不及舌。文犹质也，质犹文也，虎豹之鞟犹犬羊之鞟[1]。”(《论语·颜渊》)

②孔子曰：“君子有九思：视思明，听思聪，色思温，貌思恭，言思忠，事思敬，疑思问，忿思难，见得思义。”(《论语·季氏》)

③司马牛问君子。子曰：“君子不忧不惧。”曰：“不忧不惧，斯谓之君子已乎？”子曰：“内省不疚，夫何忧何惧？”(《论语·颜渊》)

注释：【1】鞟：去了皮毛的革。此句是说虎豹与犬羊的皮毛花色不同，如果去掉皮毛，它们便无区别。

（1）材料①中子贡的“文质观”来源于老师孔子。请写出孔子在《论语·雍也》篇中与子贡意思相近的话，并对孔子的话做出解释。

（2）请结合材料③解释，孔子说的“君子不忧不惧”是以什么作为前提的。在你看来，材料①和材料②中的内容与此前提有着怎样的关联？请在这两则材料中任选其一做简要说明。

【题解】

（1）考查重点在于记忆和理解。把握几个关键词，“质”，质朴；“文”，文饰、文采；“史”，虚浮不实；“彬彬”，相杂适中的样子。

（2）第一问，要结合语境正确分析判断出前提，用现代汉语表述出来。“内省”是反省自己，“不疚”是问心无愧。

第二问，首先选定其中一则材料。材料①谈到了“文”与“质”的关系，这便是君子可以反省自身的方面；材料②从九个方面论述如何提高个人修养的问题，即从九个方面约束自己、省察自己。“关联”可从三个方面分析：反省的内容，反省的原因或方式，反省的结果。

【答案】

（1）子曰："文质彬彬，然后君子。"意思是：文采和质朴配合得当，才能成为君子。

（2）①前提是："内省不疚"，即反省自己、问心无愧。

②示例一：材料①对"文与质"的偏颇认识可引发内省，真正的君子会不断审视自己、全面要求自己，由此，他必会调和文采和质朴，努力做到内外兼修（内外俱佳/达到外表和心灵的完美结合）。这样他便没有缺憾，不忧不惧。

示例二：材料②中，君子为达到内省而有"九思"（无时无刻不在反思自己），他能从视、听、色、貌等各个方面省察自我（严格要求自我），以减少错误。于是，他便能够问心无愧、不忧不惧。

4. 阅读下面《论语》中的文字，回答问题。

（一）

①子曰："知者乐水，仁者乐山。知者动，仁者静。知者乐，仁者寿。"（《论语·雍也》）

②子在川上，曰："逝者如斯夫！不舍昼夜。"（《论语·子罕》）

③子曰："何伤乎？亦各言其志也。"曰："莫春者，春服既成，冠者五六人，童子六七人，浴乎沂，风乎舞雩，咏而归。"（《论语·先进》）

（1）请根据上面三则语录，解说其中所蕴含的"山水情怀"。

（二）

④子曰："饭疏食饮水，曲肱而枕之，乐亦在其中矣。不义而富且贵，于我如浮云。"（《论语·述而》）

⑤子曰："譬如为山，未成一篑，止，吾止也。譬如平地，虽覆一篑，进，吾往也。"（《论语·子罕》）

⑥子曰："岁寒，然后知松柏之后凋也。"（《论语·子罕》）

（2）以上三则语录，于形象的比喻中蕴含着为人处世之道，请根据语录的相关内容加以概述。

【题解】

（1）“山水情怀”是人们依据“山水”特点，寄托在山水之上的一些情怀。“解说”时要说出山水的特点和人的情怀两方面的内容。山水的特点和所寄托的情怀要一致，能从整体上解说。

（2）“概述”要包括“形象的比喻”和“为人处世之道”两方面的内容。比喻中喻体、本体的特点和为人处世之道的内容要一致。

【答案】

（1）示例：三则语录中，山崇高伟岸、安稳厚重，水清澈灵动、奔腾不息。君子像山一样稳重沉静、厚重不移、仁爱宽厚，如水一般澄澈高洁、智慧通透、洒脱乐观、自强不息。

（2）示例：①视财富、地位如浮云，要淡泊名利、安贫乐道、坚守仁义。②追求理想信念，要如堆山平地一样不断进取、自强不息。③在人生的重大考验面前，要像松柏一样坚韧不屈、保持节操。

5. 阅读下面《论语》中的文字，回答问题。

①子曰：“言忠信，行笃敬，虽蛮貊之邦，行矣。言不忠信，行不笃敬，虽州里，行乎哉？”（《论语·卫灵公》）

②子以四教：文、行、忠、信。（《论语·述而》）

③曾子曰：“为人谋而不忠乎？”（《论语·学而》）

④子曰：“主忠信，毋友不如己者，过则勿惮改。”（《论语·子罕》）

⑤子曰：“爱之，能勿劳乎，忠焉，能勿诲乎。”（《论语·宪问》）

⑥子路问事君，子曰：“勿欺也，而犯之。”（《论语·宪问》）

（1）请解释加点字“敬”和“犯”的含义。

（2）请翻译画线句子。

（3）“忠”是修己、待友、事君治民的重要原则。请根据材料概括“忠”的思想内涵，并选择其中一点结合现实谈谈你的认识。

【题解】

（1）理解文言实词在文中的意义和用法。

（2）理解并翻译句子。“以”，用；“教”，教导；“信”，守信。

（3）理解概括并谈认识。首先结合材料中有关“忠”的内容理解其内涵。谈认识，可以结合“忠”在为人处世、工作学习中的表现来谈。

【答案】

（1）“敬”，恭敬；“犯”，当面直言规劝。

（2）孔子以四项内容来教导学生：文化知识、履行所学之道的行动、忠诚、守信。

（3）“忠”的内涵是“尽己”，要忠于自己的内心所想；对人对事要忠心不二；要尽到自己的能力或者职责。

认识：身处当下社会，对自己从事的事业要“忠”，要尽自己的能力做好每一件事。

6. 阅读下面《论语》中的文字，回答问题。

（一）

子畏于匡，曰：“文王既没，文不在兹乎？天之将丧斯文也，后死者不得与于斯文也；天之未丧斯文也，匡人其如予何？”（《论语·子罕》）

（1）根据语录内容，下列对加点“文”字意思的理解，正确的一项是（　　）

A. 周文王　　B. 文章典籍　　C. 礼乐制度　　D. 礼节仪式

（2）一些大学、书院立有“斯文在兹”的石刻，请解说“斯文在兹”的寓意。

（3）“斯文”在使用过程中产生了一些语义与之相关的词语，如“斯文扫地”“有辱斯文”“斯文一脉”“斯斯文文”。请从中任选一个词语，解释其意思。

（二）

①子曰：“见贤思齐焉，见不贤而内自省也。”（《论语·里仁》）

②夫仁者，己欲立而立人，己欲达而达人。能近取譬，可谓仁之方也已。(《论语·雍也》)

③子曰："君子成人之美，不成人之恶。小人反是。"(《论语·颜渊》)

④子贡问曰："有一言而可以终身行之者乎？"子曰："其'恕'乎！己所不欲，勿施于人。"(《论语·卫灵公》)

（4）从以上语录中任选三则，根据其内容，围绕一个中心，概述你的思考领悟。

【题解】

（1）理解文言实词在句中的含义。

（2）理解句意并进行个性化解读。斯文：既指应不忘孔子的担当精神，应如孔子一般努力钻研学问，钻研典籍；又指完成保护、传承和发扬礼乐制度（中华文化）的使命。兹：可指这里（大学、书院），亦可指大学、书院中的莘莘学子。斯文在兹：寓指大学、书院中的莘莘学子应不忘孔子的担当精神，应如孔子一般努力钻研学问，钻研典籍，完成保护、传承和发扬礼乐制度（中华文化）的使命。

（3）理解词语含义。按整个词语解释。

（4）理解章句意思，表达自己的观点。要围绕一个"中心"，用三则章句内容来准确阐述。

【答案】

（1）C（文，礼乐制度）。

（2）示例一：指有着丰厚内蕴和不朽价值的中华优秀文化在这里传承。

示例二：指担负传承中华传统文化责任的文人雅士聚集在此。

示例三：指文明儒雅之风传承于此。

（3）示例：斯文扫地：指文人或文化不受尊重或文人自甘堕落。

有辱斯文：说了不符合读书人身份的话，或是做了不符合读书人身份的事情。

斯文一脉：指文人学者或学问归属同一流派。

斯斯文文：形容举止文雅有礼。

（4）示例一：根据①②③围绕“君子兼具贤与仁”：君子见到贤德之人会学习他的优点，见到不贤之人会反思自己是否也有同他一样的缺点，以此改正自我；仁者，自己想要成功也要他人成功，是君子应具有的仁德之道。君子成全他人的好处，不成全他人的恶处。由此领悟出，君子应是贤仁兼备的人才，若不贤仁则算不上君子，仍需不断反省，改正自我。

示例二：根据②③④围绕“在成全帮助他人中成就提升自己”：语录②中认为要使自己功成通达就要促进他人功成通达，学习他人的优点。语录③中主张君子成全他人的好事，不成全他人的坏事。语录④中认为要推己及人，不将自己不欲之事施于他人。我领悟到，要在帮助他人“立”与“达”中成就自己；要推动成全他人的好事，做事前要换位思考，将心比心；把握好自己与他人的关系，相互促进，共同进步。

示例三：君子当推己及人，守忠恕之道，语录②③④进行了多重解释。语录④中，“己所不欲，勿施于人”意思是自己不愿意做的也不要强加给他人，对他人要有同理心，推己及人。语录③的句意在提醒君子，要促成他人良善愿望的达成，不应促成他人的坏事。这种推己及人的品德表现在语录②中，既要“立己”“达己”，更要“立人”“达人”，也是“成人之美”。这三则围绕“恕”字，告诫我们应当推己及人，不应将自己嫌恶的事物强加给他人，更不应助纣为虐，要帮助他人实现美好善良的愿望，达到立身、通达的境界。

7. 阅读下面《论语》中的章句，完成（1）—（2）题。

①子曰：“主忠信，毋友不如己者，过则勿惮改。”（《论语·子罕》）

②子曰：“主忠信，徙义，崇德也。”（《论语·颜渊》）

③子曰：“见义不为，无勇也。”（《论语·为政》）

④子曰：“君子义以为上，君子有勇而无义为乱，小人有勇而无义为盗。”（《论语·阳货》）

⑤子曰：“三军可夺帅也，匹夫不可夺志也。”（《论语·子罕》）

（1）根据章句①②概括“忠信”的本质，根据章句③④概括“义”“勇”的关系。

（2）结合上述章句，简述《论语》体现的儒家思想对中国侠义文化的影响。

【题解】

（1）理解概括题。准确理解句意，根据题干要求进行归纳概括。

（2）这道题目有一定的综合性，既是对中国文化的考查，也是对文化迁移与影响的探究。

【答案】

（1）“忠信”的本质：把忠信跟交友、改过放在一起说，并认为以忠信为主就可以提高品德，可见，这里的“忠信”是一种道德品格。

“义”“勇”的关系：不为“义”挺身而出，那是没有“勇”的；若不讲“义”而逞“勇”都会带来祸害。可见“义”是“勇”要追求的目标，“勇”要建立在“义”的基础上。

（2）侠义精神有着儒家思想深深的印记。侠义精神其实是儒家精神的一种迁移延伸，主要体现在三个方面：①忠信：延伸为“言必行，行必果”“一诺千金”。②勇义：直接影响了“见义勇为”“路见不平，拔刀相助”的行为。③人格独立：儒家的人格自由思想体现在顶天立地、贫贱不移、威武不屈、“不可夺志”的气节精神上。

8.《论语》蕴藏着孔子思想的精髓。请从“仁”“孝”“信”“学”中选择一个方面，谈谈它对你成长的启示。要求：解说准确，条理清晰。180 字左右。

【题解】

首先选择一个方面，引用原句、转述原句内容都可以，然后谈对“你”成长的启示，以阐述为主，解说要准确。

【答案】

示例一：仁，既是一种修身立德的智慧，更是为人处世的法则。子曰："克己复礼为仁。"在成长中我认识到，克制自己的私欲，遵守社会制度与道德，可以培养我们坚强的品质，陶冶我们的情操，让我们成为有德之才。另外，行为节制而以礼待人能收获别人的尊敬，是我们立足于社会的根本，让我们与人和睦相处，使社会更加和谐向善。仁，是一种精神，也是一种追求。以仁为体，以礼为用。只有时刻以仁的标准要求自己，才能做到"随心所欲，不逾矩"。"君子无终食之间违仁"，这就是"仁"给我最大的启示。

示例二：《论语》中的"孝"蕴藏了孔子儒家思想的精髓，对我很有启发。首先，孔子教会我孝是做人的根本。"弟子入则孝，出则悌"，"事父母能竭其力，……虽曰未学，吾必谓之学矣"。孔子认为孝是做人的根本，我们应该以孝为做人的第一要义。其次，孔子教会我孝的具体方式。"至于犬马，亦能有养；不敬，何以别乎？"这启示我要在平常的小事中对父母毕恭毕敬、和颜悦色。此外，记住父母生日，则体现了我们对父母由衷的牵挂和敬爱。这些准则，教会我何为"孝"，对我的成长有很大启示。

示例三：孔子所言之"学"，关乎一个人的内外修养。"学而时习之，不亦说乎"体现了人对学习的正确态度，应当将学习知识当作人生一大幸事，怀进取心吸收知识，是为"外学"。"吾日三省吾身"中提及，人要时刻反省在交友、做事、学习等方面是否怠慢了，应时刻保持赤子之心，做到"传而习"，这是"内监"。孔子关于"学"的思想，启示我要端正学习态度，以"学无止境"为追求，同时养成良好的学习习惯，坚持反省内心，做到内外兼修，如此方能成事。

9. 阅读《论语·卫灵公》中的章句：

子贡问曰："有一言而可以终身行之者乎？"子曰："其'恕'乎！己所不欲，勿施于人。"

请对"己所不欲，勿施于人"发表看法。180字左右。

【题解】

这句话在讲恕道。谈看法注意适当联系现实，有具体论据更便于论证。

【答案】

示例一：“己所不欲，勿施于人”，首先，这是对自我行为约束的标杆。先贤们已觉察人随心随野性而动会败坏自身又败坏他人，因此要想杜绝伤害他人，需以此句当戒律约束。其次，这也是对社会和处世的期望。百姓互尊互爱、不伤害他人能使邻里和睦；君王顺民爱民，臣子爱君听君才可以使上下同心，国泰民安。从根本上看，这句话是对外部人际世界的尊重与爱护，对任一时空的人们其内心苦乐的体谅，或施与援手或深感敬念的表现。这是人用尊重与爱形成的宇宙之网。

示例二：“己所不欲，勿施于人”，是指自己不想做的、不喜欢的，也不要施加在别人身上，这就是“恕”的含义。这句话与“严于律己，宽以待人”有相似之处。对待他人要宽容仁爱、理解他人，这与君子之道相吻合。在现代社会中，我们也需要这种“恕”的精神。在生活中不苛责亲友、伤害他人；在网络上对待陌生人也能怀有平和之心，设身处地为他人着想，并且以自己能做到这样高的标准进行考量。不去苛责他人，以宽容之心待人，才能构建更加和谐的社会，创造更美好的人生。

10. 学校高三年级某班将开展“与他人相处之道”的主题班会，请你以该班学生的身份写一篇简短的发言稿。要求：观点明确，言之成理，恰当引用《论语》中的语句。180字左右。

【题解】

写作情境是“高三年级的主题班会”，身份是学生，写一篇发言稿，要恰当引用《论语》中的语句，观点明确，阐述充分。

【答案】

示例：与他人相处之道，最重要的一点是宽容。《论语》中，当被问到“有一言而可终身行之者乎”，孔子的回答便是“其恕乎”。宽恕，可以减少人与人之间没必要的矛盾，可以让人际关系变得更加和谐。“人不知而不愠，不亦君子乎”，对他人的宽容，不仅仅是对自己美德的彰显，更是与人相处的关键。海纳百川，有容乃大，我们应变得宽容起来，不为一些小事斤斤计较，而是与他人和谐相处，构建更美好的人际关系。

11. 如果你可以从《论语》或《红楼梦》中找一个人做朋友，你会选择谁呢？写一段话阐述你的理由。要求：结合《论语·季氏》“益者三友……友直，友谅，友多闻，益矣”中的内容，理由恰当。180字左右。

【题解】

要明确一个人物，表述要符合人物在名著中的相关内容，要结合“友直”“友谅”“友多闻”的全部或部分内容并理解准确，结合“益矣”论证具体合理，层次清晰，语言流畅准确。

【答案】

示例一：我会选择《论语》中的子路做朋友。因为朋友之间相处，会互相影响，“近朱者赤，近墨者黑”。益友会督促、提高我们的品行学识，损友则可能会让我们染上恶习。《论语》中言“益者三友”“友直，友谅，友多闻”，从子路敢于向孔子直言见南子不合礼法这一行为，可见他是一个正直、率真、为他人考虑的人，正符合“友直”的交友准则。所以我想和子路做朋友，常明白自己的不足，共同进步！

示例二：我会选择《论语》中的颜回做朋友。因为他是一个益友。“益者三友……友直，友谅，友多闻”。益友要正直、诚实、见多识广，颜回正是如此。他“箪食瓢饮”，“居陋巷也不改其乐”，穷不改节，足显他的正直；他绝粮七日也没有偷吃给老师的饭，面对老师的问询，诚实承认自己“食之，不可祭”，足显他的诚实。他是孔子最喜爱的学生，学问渊博，德行高尚。如果能与颜回成为朋友，我将从他身上学到许多好的人生知识和高尚的品行。

12. 孔子是一位伟大的教育家，你从孔子下面这些言论中读出了什么教育思想？请谈谈你的观点并简要分析。要求：可任选一条，也可针对下面多条来谈。对所选内容的理解准确，观点明确，条理清晰。180 字左右。

①子曰："有教无类。"(《论语·卫灵公》)

②宰予昼寝，子曰："朽木不可雕也，粪土之墙不可圬也！于予与何诛？"(《论语·公冶长》)

③子曰："自行束脩以上，吾未尝无诲焉。"(《论语·述而》)

④子曰："不愤不启，不悱不发，举一隅不以三隅反，则不复也。"(《论语·述而》)

【题解】

首先要明确某种教育思想，可以针对任一条展开，也可针对整体展开。教育思想具体来说，"有教无类"，指不管什么人都可以受到教育；"宰予昼寝"，对不知珍惜光阴的批评（也有人说是对宰我身体太弱的评判）；"自行束脩以上"，孔子强调学习要有主动性；"愤启悱发"，是孔子对教育时机的准确把握。若针对整体展开，则是充分体现了孔子对教育作用的认知。

【答案】

示例一："有教无类"强调不管什么人都能接受教育，这是一种先进的教育理念。首先，只有"有教无类"，才能增强全体社会成员的文化水平。这是整个社会文明化的基础。其次，让每个人都有受教育的机会，也为培养人才提供了更大的基数。最后，"有教无类"可以传播平等思想，减少歧视与阶层间的冲突，从而促进整个社会的和谐。所以教育工作者应对所有学生一视同仁，培养更多人才，促进社会文明与和谐。

示例二：我从④中读出了孔子精准把握教育时机的启发式教育思想。老师不是将自己的知识尽数传递给学生，而是要给予学生自主思考探索的空间，在学生苦思冥想后再进行开导与启发，由此激发学生主动思考的能力；并且要求学生拥有"举一隅以三隅反"的举一反三的能力，即让学生真正深刻领会知识，这确实是开发学生思维的好方法。适时地进行指导启发，发挥了老师的引领作用，让学生在开发思维的同时也不至于偏离正途。

示例三：《论语》充分体现了孔子对教育作用的认识。不论学生基础条件好与坏，只要认学，他便教，提示我们有教无类。他认为只有珍惜时间才能做到高效学习，而且学习要有主动性和积极性；他认为作为教育工作者，应等到学生钻研到愤慨时才能给予学生一定的启发，只有当学生能举一反三时才能接着讲下面的知识。这提示我们学习不能囫囵吞枣，要巩固好每一个细节的知识，拥有独立思考的时间。

13.《论语》中记录了孔子与弟子之间的很多对话，如他与颜回、子路、子贡、宰我等人的交流。其中，有各异其趣的师生关系，各具特色的交流方式，孔子丰富的教育智慧，孔门弟子的多样风采……你对孔子与哪位弟子的交流印象最深刻？请写一段文字，表达你的感受与思考。

要求：符合原著内容，言之成理。180 字左右。

【题解】

解答此题，首先要从《论语》中选出师生交流的内容进行叙述，然后结合人物的语言，或者讴歌其人物特质，或是结合其思想内涵，具体写出其精神品质即可。注意语言要求准确、简明、合理、得体。

【答案】

示例一：我印象最深的是孔子与子贡的一次交流。孔子表示不再多言，而子贡彷徨，不知如何传道，孔子则回答“百物生焉，天何言哉？”这段对话中孔子以“天不言，而四季、百物都照常行之”作类比，讲述出了“道理不因不讲而不显，无言自化”的道理，也告诫了学生应自己多加观察思考，要善于从客观事物中受到启迪和教育。这段对话富含哲理，暗藏深意，孔子看似无言，实则借此引导学生进行独立而深刻的思考，展现出了他鼓励学生自我思考的教育理念和类比告知的教育智慧。

示例二：我印象最深的是孔子与冉求的一次交流。冉求表达了无力坚持孔子学说的心迹，孔子则告知他并非无力，而是自我设限。这次对话，孔子抓住了冉求学习问题的本质——畏惧困难，失去信心，从而一针见血地指出了问题，同时既有批评又有鼓励，告知冉求若能够恢复信心，则能一直前行下去。这其中既表现了孔子对问题本质的精准把控，也体现出了他不自我设限，广收门徒并对其因材施教的教学思想，蕴含了先知后行、知行合一的哲理内涵。

14. 为了弘扬孝道，某中学给学生布置了“我为父母洗一次脚”的作业，引起广泛议论。请从下列《论语》中择其一，结合该章句的有关内容，谈谈你对这项作业的看法。要求：观点明确，言之成理。180 字左右。

①君子务本，本立而道生。孝弟也者，其为仁之本与！（《论语·学而》）

②今之孝者，是谓能养。至于犬马，皆能有养；不敬，何以别乎？（《论语·为政》）

【题解】

结合所给《论语》中的某一则语录，谈对“我为父母洗一次脚”作业的“看法”，重点要建立二者的联系——“敬”。

【答案】

示例一：我认为这次作业很有意义，可以唤醒我们心底对“孝”的认识，加强对父母的感恩。《论语》中说，现在的孝仅在于维持父母生活，但犬马都可以做到这点，如果不能心怀尊敬，那么人和犬马有什么区别呢？这次作业可使我们通过为父母洗脚来增进感情并感受父母的辛苦，让我们从心底生发对父母养育之情的感恩，更加尊敬父母，同时我们可以在行动中践行孔子思想，加深对传统文化的认识。

示例二：我认为这项作业并不能真正地弘扬孝道。《论语》中“今之孝者，是谓能养。至于犬马，皆能有养；不敬，何以别乎？”意在强调“孝”之根本在于有一颗尊敬、爱父母的心。有了这样的孝心，自然而然地就孝顺了。

反观这项作业，只做到了孝的表层体现，并希望由此来获得孝心，这和“养犬马”有什么区别呢？所以，我认为这项作业没有太大意义，还是应从培养孝心开始，让学生明白什么是真正的孝，而不是简单地模仿行为。

示例三：《论语》中有对孝道独特的理解，现在的孝道被认为可以赡养父母。可是“至于犬马，皆能有养”，如果对父母不尊敬，我们和犬马有什么区别呢？这就强调了“敬”在孝道中的不可或缺性。“为父母洗一次脚”如果真的只是流于形式而无诚意，即使一时让父母开心，这种孝也绝不会长久；相反，如果通过这次作业能使学生理解到父母的不易，从而心生感激和敬意，以此为始，在生活各方面都以敬待之，才能使这种孝真正地根植在心中，并在日后以“敬养”来践之。

15. 如果从下面列举的五个人物中任选一个，使其穿越到现在，你认为他（她）在面对现实生活中的哪种社会现象时，目光会显得忧伤呢？

（1）孔子（《论语》）（2）颜渊（《论语》）（3）子贡（《论语》）（4）林黛玉（《红楼梦》）（5）薛宝钗（《红楼梦》）

要求：①符合原著中人物的特点。②能针对某一种社会现象进行阐发。180 字左右。

【题解】

首先选定一个人物，要求所写人物符合原著中人物的特征，“忧伤”与现实情形能构成因果关系，对现实情形的叙述准确，认识深入。

【答案】

以孔子为例。

示例一：孔子看到如今社会谣言四起，人人不顾仁义道德，盲目传播虚假消息，目光会显得忧伤。孔子曾有言“道听而途说，德之弃也”。将在路上听来的话随意传播是道德的沦丧，可如今社会，随着互联网技术的发展，人们在网上可以轻易看到大量消息，比如某些小道消息，人们大多不会去探究真理真相，理性分析，直接点击转发传播谣言。人们往往忽视了自己传播谣言对社会的危害，没有以道德标杆规范自己。人们心中缺乏对自己言论责任的道德，缺失对社会伦理、舆论责任的仁义，所以才会大肆传播不实信息。而重视人们内在修养、强调仁义、恪守规则制度的孔子，看到这种行为，应会忧伤吧！

示例二：孔子面对人们互相勾结时目光会忧伤。《论语》言："君子周而不比，小人比而不周。"现如今有人勾结在一起，为个人私利而侵害他人的权益，这与《论语》中说的"不团结而相互勾结的小人"恰好吻合。孔子推崇道德，认为人与人之间互相仁爱才能构建美好社会，而这些人勾结在一起，损害他人利益，与仁爱背道而驰。这种现象的背后，是世风日下的社会，因此孔子目光显得忧伤。

示例三：我认为孔子在面对生活中人们汲汲于功名利禄，甚至为此不择手段的社会现象时会忧伤不已。《论语》有言"不义而富且贵，于我如浮云"，这是孔子对于道德的恪守，而如今却有许多人为了自己的利益，罔顾他人的安危，一心向"钱"，蔑视道德与法律，以致毒奶粉、假药等事件常有发生，伤害了无数人的健康。孔子不齿这种只爱利益漠视人性的"小人"，且曾云"己所不欲，勿施于人"，想必会因为如今社会"礼崩乐坏"，对"己所不欲反施于人"的诸多现象感叹不已，心怀忧伤吧。

15. 经典名著常如春风一般，令人心生温暖。请就《论语》《红楼梦》中的任何一部作品，写一段抒情性文字或一首小诗，抒写它带给你的美好享受。要求：感情真切，富有文采。180 字左右。

【题解】

阅读经典名著令人心生温暖，是美好的阅读感受，是读书获得的精神享受。要能写出真实具体的阅读体验，词采华美。文体开放，可自由选择。

【答案】

示例：吾每就《论语》捧读执卷之时，不免心生欢喜，亦如沐春风。其言正中肯綮，颇有使人醍醐灌顶之金玉良言——有"君子不器"，便觉为人不可囿于一技之长；"己欲立而立人，己欲达而达人"，便懂仁者其言也讱；"学而时习之，不亦乐乎”，便如春风能使万物棣通，能使人就有道而正焉。读毕皆能思绪万千喷涌，既有疾步趋学之意，又有修身齐心之欲，心情亦如冰破泉流，万物生长，翕翕然畅美而不可言。

17. 人们常用“百科全书”“里程碑”等词语，形象地评价经典名著作品。请从《论语》《红楼梦》中任选一部，对其进行形象的评价（“百科全书”“里程碑”除外），并阐释理由。要求：评价恰当，阐释合理。180 字左右。

【题解】

形象地评价需把握两点：一是要求具有形象性，可用比喻或其他可以形象化表达的方式；二是必须带有评价性，以体现作品作为经典的特色、价值或地位等。阐释理由，则要做到能够建立“形象的评价”与作品内容、特色的联系，阐释合理充分，逻辑清晰。

【答案】

示例一：《论语》是中国思想道德大厦的“地基”。首先，它以极高的道德标准教我们如何为人处世。《论语》能给懵懂的我们树立“仁爱诚信”的道德观、“义大于利”的价值观、“修身齐家治国平天下”的人生观，为我们的成长奠定稳固的基础。其次，它也是“中化优秀传统文化”这座大厦的地基。其“仁”的道德准则为之后各学派的出现、儒家的发展定下基调，甚至也是如今一些政治理论的根源。所以说，《论语》是一部具有地基性质的文化名著。

示例二：中华文明是树，《论语》便是其生命之根。《论语》为我们每一个人的修身之道指明了方向：修德养性，成为君子。贯穿其中的“仁义礼智信”，更是从古至今每个中华儿女修身养性的基本遵循。同时，对于国家与社会来讲，《论语》更是描绘了一幅理想社会人人各司其职的蓝图，也为每一代执政者治国理政提供了借鉴，提纲挈领。“讲义气、懂礼貌、尊师重教”早已成为中华民族世代维系的文明传统，滋补了每一颗中华文明的“硕果”。

18. 经典是要一读再读的。从《论语》《红楼梦》中选择一部你愿意反复阅读的作品，说说理由。要求：依据原著，说理清晰。180 字左右。

【题解】

从给定范围内选定一部作品，明确出现“愿意反复阅读”字眼，依据原著，涉及内容要具体，以议论为主，说理清晰。

【答案】

我愿意将《论语》反复阅读。首先，《论语》是儒家经典著作，蕴含着深刻的思想哲理，影响深远，只有反复阅读，才能以古鉴今，以史明智。其次，《论语》的核心思想是“仁”与“礼”，而“仁”与“礼”又是相辅相成的，“中庸”又是强调“仁”与“礼”关系的准则，可见孔子的哲学理论中有着辩证的全面的关系，所以要深入阅读思考，在反复阅读中进行立体的架构，以便多角度认识儒家经典。最后，《论语》提倡的“仁义礼智信”，随着年龄和生活阅历的增长，在反复阅读中才能够得到更加深刻的理解，才能更好地渗透、融入我们的日常行为中。

19. 文创产品就是文化的延伸品。中国数千年流传下来的传统文化，经过巧妙构思，可以制成书签、折扇、手机壳、行李牌……如果为《论语》或《红楼梦》设计一款文创产品，你会设计什么？又将怎样设计？请任选一项，描述你的产品，并说明设计意图。180 字左右。

【题解】

本题的核心词是“文创产品”，可以从给定的文创产品中选择一款，也可以另外选取一种。写作中要展现设计思路，能对产品进行描述，并明确清晰地进行设计意图说明。

【答案】

示例一：我会设计一款《论语》书签。书签大体为细长的长方形，一面印有慈祥睿智的孔子的画像，另一面左侧用沉稳的隶书写着“论语”二字，右侧用飘逸的华文行楷写“学而不思则罔，思而不学则殆”一句。设计意图：《论语》书签可以向大众普及有关孔子和《论语》的知识。书签上的这句话，意思是只读书而不思考会迷茫，只思考而不读书会疑惑。印在书签上，可以让人们每次看到时，都能想起自己既要读书也要思考，从而引导人们更有质量地读书。

示例二：我会设计一款手机壳。以中国传统色缃叶为背景色，以苍黄为字体颜色，字体用瘦金体，文字内容为“子在川上，曰：‘逝者如斯夫，不舍昼夜。’”，并用水墨画加以点缀。设计意图：以珍惜时间的名句为背景可以一定程度上降低人们对手机的依赖和沉迷，国风的配色也让中华传统文化与传统艺术形成颇为巧妙的融合。这样的产品既赏心悦目，又能给人以提醒和反思，使广大消费者喜爱国潮产品的同时，也接受博大精深的中华优秀传统文化的浸润。

示例三：我会设计一件印有《论语》的笔袋。这个笔袋是卷式笔袋，外形类似于竹简，《论语》中关于学习和做人的章句竖向从右至左印在笔袋的内外两侧，字体是毛笔笔触的小楷，背景色为淡雅的竹绿色。设计意图：在兼备实用性、内涵性和美观性的前提下，让广大学子体会国学之美、书法之美，并可以在碎片化的时间中进行《论语》诵读，随时随地体悟《论语》的深刻内涵，了解更好的学习方法并学会更好地做人，让孔子的思想渗透心中。

20. 学校举办读书节，征集“阅读文化衫”的创意设计方案。请你从《论语》《红楼梦》中选择一部作品，确定一个主题，设计一款文化衫，描述你的设计图案，并说明设计意图。要求：符合原著内容，主题鲜明突出。180 字左右。

【题解】

选择一部作品，自我确定主题，设计一款文化衫，用符合原著的内容描述设计方案，并说明设计意图。

【答案】

示例：我以《论语》的核心思想“仁”与“礼”为主题设计文化衫。我的设计图案是：以白色为底，文化衫的正面，在胸口处有一个大大的爱心图案，方正的楷体字“仁”“礼”各占一半，在袖口、衣领处印上类似“己所不欲，勿施于人”的经典话语。设计意图是：首先以白色为底，寄寓着心灵纯洁之意。其次是时刻提醒自己把“仁”“礼”记在心间，并把它们作为为人处世的基本准则。同时，印制其他话语，不仅增加了文化衫的文化底蕴，还增添了形式美感。

21.《论语·泰伯》记载曾子谈到“士”的责任，有这样的话：“士不可以不弘毅，任重而道远。仁以为己任，不亦重乎？死而后已，不亦远乎？”习近平总书记也说过：“成功属于勇毅而笃行的人。”

请以“青年的勇毅”为题，写一篇议论文。要求：观点明确，论据恰当充实，论证合理。不少于700字。

【题解】

题目中的关键词是：青年、勇毅。写作导向要符合当代立德树人的要求。青年即青年人，风华正茂的读书人或者正处于事业开始、人生起步的年轻人。勇毅是一种精神，一种品质，是勇敢、刚毅、坚毅、沉着，是有“士”一样的责任、担当精神，有君子一样的情怀，是一种大我的情怀。有理想有目标，有兼济天下，为万世之所治，为万物之所利，不怕苦，不怕累，敢干，能干，做事踏实，诚恳等。勇毅也是一种敢，敢于做，敢于干。

同时，青年的勇毅不仅仅是语料里提到的那种精神，还可以是“敢上九天揽月，敢下五洋捉鳖”的斗志，是“到中流击水，浪遏飞舟”的豪气，还可以是“苟利国家生死以，岂因祸福避趋之”的不惧，是“撸起袖子加油干”的奋斗，等等。青年的勇毅不仅是大的人格、情怀的体现，是做人方面的，是成人方面的，还可以是做事方面的某些品质。

从写作角度来看，可以谈青年的勇毅是杰出青年优秀的表现，青年的勇毅的作用与影响，青年的勇毅是不断地自我超越提升自身的能力，青年的勇毅是个人、家庭、社会、国家、民族对青年的需要，培养青年的勇毅品质是时代赋予教育的任务等。

写作中要注意思辨性，明确勇毅不完全等于勇敢、勇猛、孔武有力，应是果敢、担当，率先做出榜样，为他人，为民族，为道义，不顾己不顾身；勇毅的人并非是刚强、锋芒毕露，性格的勇毅也许表现出来的是谦谦君子的温润谦和，勇毅的人不是身材的高大勇武，也许表面是文弱不堪，勇毅的人不是写在外部的强大。

【答案】

青年的勇毅

“仲由性鄙，好勇力。”这是青年时的子路。他有的是勇，可是他差了点什么。

青年的勇敢，一则勇，一则毅。勇无疑是重要的。孔子之勇，在陈蔡绝粮，他能安然说出“君子固穷”，在匡地被拘，能慨然道“文不在兹乎”“匡人其如予何”，此番无畏之勇，当得万世师表。唐雎之勇，独善入秦，“若士必怒，伏尸二人，流血五步，天下缟素”，拔剑而起，终换得秦王“长跪而谢之”，保得安陵国平安。史上多有此等佳话。然纵观历史，亦有如赵括纸上谈兵，勇而自大，终落得大败的下场。区别在何处？

子路的治民愿景，“比及三年，可使有勇，且知方也”。勇尚且不够，还需要约之以方。孔子说子路的勇是“暴虎冯河，死而无悔”，终究是“好勇过我，无所取材”。何为？勇需要被收束。“好勇不好学，其蔽也乱”。单纯的勇不加学习收束，是会造成祸乱的。而这收束的勇，也变成了毅。

南朝有一周处，青年时自恃勇力，到处与人搏斗。一日，他忽而想到灭掉蛟龙、猛虎两大害兽，返程时才从路人口中得知自己正因勇力与前者并称三害。此后他发奋而学，最终成为名士，这便是他的勇成就了毅。

毅，是任重而道远的弘毅，是不屈不挠的刚毅。孔子肩扛的是“文王既没，文不在兹乎”的传承文化的重任，故多能安然面对危机。这是勇，更是毅。而与此同时，正是这种“毅”，让孔子能够“发愤忘食，乐而忘忧，不知老之将至。”身已老而心未老。纵老矣，心中长存青年之志，青年之勇毅。回到子路，青年时期他一身是勇，而在孔门受教多年，在他年老时也有了毅。

“食其食者不避其难”，卫国动乱，护主进城，结缨而死。他的青年之勇没有随年华的逝去而消散，也正是因为毅，他才有了不老的青年勇毅。

我们如今正当青年。青年人多不缺勇，无怪乎前人言“少不读水浒”。只是这勇该用到恰当之处。有人以勇顶撞师长，哗众取宠；有人以勇为“兄弟义气”，大打出手……如此之青年之勇，难免会随时间消磨殆尽，晚年回首青春一无是处。而亦有人用青年之勇探访名山大川，行万里路，拓展视野。更有人以青年之勇入伍参军，磨砺意志，保家卫国……他们愿意收束淬炼自己的勇。这样“勇”的脆硬生铁便经过折叠锻打成就了“毅”的精钢，多年不锈不老。

心向远方，肩扛责任，把意气一时的“青年之勇”磨砺为“青年勇毅”，方可受用终生。

22.《论语·子路》篇有“君子和而不同，小人同而不和”一句。你对这则语录有怎样的认识和思考？请自主立意，自拟题目，写一篇议论文。不少于700字。

【题解】

这是一道材料作文题。所给材料是《论语·子路》中的一句名言。“君子和而不同，小人同而不和”，意思是君子在人际交往中能够与他人保持一种和谐友善的关系，但在对具体问题的看法上却不必苟同于对方；小人习惯于在对问题的看法上迎合别人的心理、附和别人的言论，但在内心深处却并不抱有一种和谐友善的态度。君子友善而保持个性，小人没有主见而且内心狭隘，君子和小人形成了鲜明对比，显然我们应该赞成君子，否定小人。

写作此题，第一步，要认真审题，读懂材料，抓住主旨，此题是单则材料，要从整体上把握其主旨。第二步，选择角度，准确立意，此题主旨单一，据材料立意即可。立意角度，可以是做和而不同的君子；既要友善也要个性，保持独立与个性等。第三步，按照限定文体“议论文”组织行文，写作中应先明确观点，然后采用层进式结构，运用新颖、典型的论据材料进行分析论证。

【答案】

论“和而不同”

“君子和而不同，小人同而不和。”这句话说明“和而不同”是一种衡量君子的标准，代表着一种高尚的境界。“和”即和谐、随和，“同”则是无原则的附和。我认为“和而不同”包含着两种特质，一是包容性，二是对自身原则的坚守。

“和而不同”中首先提及的就是和谐，这需要人们放宽眼界，认同世界上的文化多样性与个体差异的存在合理性，并在一定程度上理解不同的文化与思想；即便无法理解，也要做到尊重，不强制他人接受自己的观点。历史上曾发生过多次宗教战争，双方各自认为自身的信仰是唯一正确的，并希望以这种信仰统一世界。这样做的后果就是逐渐加剧的矛盾冲突演变为残酷血腥的战争，最终却也并不能说服对方。避免无意义的争辩，持平和包容之心，才能够达成“和”。

然而，“和而不同”也并非意味逃避差异，放低自己的底线。相反，“和而不同”意味着恪守原则。和谐并不意味着同一，而是建立在保有差异的基础之上的——不做无谓的争斗，而是默默坚守自己的原则。在中国近代史上，国共曾经为加快中国革命和抗日斗争的步伐而两次合作，但共产党并未因暂时的和平安定而放弃自己的原则，既提出合作条件，也决不委曲求全放弃底线。

“和而不同”虽然由两千多年前的孔子提出，但在当今世界却显得愈发重要，且对全体人类有着普适的意义。世界由孤立走向整体，越来越丰富的文化和思想有了更多碰撞和交流的机会；新的状况与新的理论层出不穷，也许颠覆了那些旧的观念……在这个时代，我们需要包容、接受的东西愈发多了。但全球化的浪潮也带来一个问题：我们如何在世界思想文化的洪流中保持自己民族特有的，而不是被悄然同化？“和而不同”的思想为我们提供了优秀的理论指导——尊重、接受多样的思想文化，同时保护好自身的思想文化，求同存异，才能够构建和谐世界，使不同的文明共同繁荣，绽放出各自的光彩。

一花独放不是春，百花齐放春满园。达到“和而不同”的最高境界大概就像顶级的园林艺术，相互调和而绚烂多姿。

文本助读

拓展助读

阅读原典是最基本、最朴素、最有效的阅读行为。读《论语》也应如此。但对一部分人来说，阅读《论语》这部文化名著是有一定难度的，倒不是说文字有多艰深，有多少字不认识，而是因为这部经典年代久远，有些故事背景我们不了解，思想内容又博大精深，如同一座矿藏蕴含丰富，让人把握不住。

为更好地研读《论语》，我们试着选取了几个文段作为助读。这些文段，分别出自《孔子世家》《礼记》《孔子家语》《荀子·子道》等文，它们或是人物生平介绍，或是主要观点探讨，有助于对《论语》整本书的阅读。同时，通过几个实战型练习题的研磨，也有助于文言文阅读能力的提升，可谓一举两得。

走进文本，实现真阅读，必将带给你无尽的精彩！

一、阅读下面的文言文，完成1—5题。（共18分）

孔子迁于蔡三岁，吴伐陈。楚救陈，军于城父。闻孔子在陈蔡之间，楚使人聘孔子。孔子将往拜礼，陈蔡大夫谋曰："孔子贤者，所刺讥皆中诸侯之疾。今者久留陈蔡之间，诸大夫所设行皆非仲尼之意。今楚，大国也，来聘孔子。孔子用于楚，则陈蔡用事大夫危矣。"于是乃相与发徒役围孔子于野。不得行，绝粮。从者病，莫能兴。孔子讲诵弦歌不衰。子路愠见曰："君子亦有穷乎？"孔子曰："君子固穷，小人穷斯滥矣。"

孔子知弟子有愠心，乃召子路而问曰："诗云'匪兕匪虎，率彼旷野'[1]。吾道非邪？吾何为于此？"子路曰："意者吾未仁邪？人之不我信也。意者吾未知邪？人之不我行也。"孔子曰："有是乎！由，譬使仁者而必信，安有伯夷、叔齐？使知者而必行，安有王子比干？"

子路出，子贡入见。孔子曰："赐，诗云'匪兕匪虎，率彼旷野'。吾道非邪？吾何为于此？"子贡曰："夫子之道至大也，故天下莫能容夫子。夫子盍少贬焉？"孔子曰："赐，良农能稼而不能为穑，良工能巧而不能为顺。君子能修其道，纲而纪之，统而理之，而不能为容。今尔不修尔道而求为容。赐，而志不远矣！"

子贡出，颜回入见。孔子曰："回，诗云'匪兕匪虎，率彼旷野'。吾道非邪？吾何为于此？"颜回曰："夫子之道至大，故天下莫能容。虽然，夫子推而行之，不容何病，不容然后见君子！夫道之不修也，是吾丑也。夫道既已大修而不用，是有国者之丑也。不容何病，不容然后见君子！"孔子欣然而笑曰："有是哉颜氏之子！"

于是使子贡至楚。楚昭王兴师迎孔子。昭王将以书社地七百里[2]封孔子。楚令尹子西曰："王之使使诸侯有如子贡者乎？"曰："无有。""王之辅相有如颜回者乎？"曰："无有。""王之将帅有如子路者乎？"曰："无有。""王之官尹有如宰予者乎？"曰："无有。""且楚之祖封于周，号为子男五十里。今孔丘述三五之法，明周召之业[3]，王若用之，则楚安得世世堂堂方数千里乎？夫文王在丰，武王在镐，百里之君卒王天下。今孔丘得据土壤，贤弟子为佐，非楚之福也。"昭王乃止。

（取材于《史记·孔子世家》）

注释：【1】出自《诗经·小雅·何草不黄》。匪：非；率：沿着。【2】书社地：编有户籍的土地；一里为25户。【3】三五：指三皇五帝。周召：指辅佐周武王的周公姬旦、召公奭。

1. 对下列句子中加点词的解释，不正确的一项是（3分）

①楚使人聘孔子　　聘：礼聘

②发徒役围孔子于野　　发：征调

③子路愠见曰　　愠：怨恨

④君子固穷　　固：本来

⑤夫子盍少贬焉　　贬：降低

⑥良农能稼而不能为穑　　穑：种植

⑦纲而纪之，统而理之　　纪：治理

A. ①④　　B. ③⑦　　C. ④⑥　　D. ⑤⑦

【题解】

考查对文言实词的理解。涉及一词多义、古今异义、古代官职常识等。④“君子固穷”中的“固”，固守，全句译为：君子能固守穷困而不动摇。⑥“良农能稼而不能为穑”中的“穑”，收割谷物，在这里指收成。全句译为：优秀的农夫善于播种耕耘却不能保证获得好收成。

【答案】

C

2. 下列各组句子中，加点词的意义和用法不相同的一组是（3分）

A. 人之不我信也　　夫道之不修也

B. 譬使仁者而必信　　而志不远矣

C. 安有伯夷、叔齐　　楚安得世世堂堂方数千里乎

D. 是有国者之丑也　　王之将帅有如子路者乎

【题解】

考查对文言虚词的理解。A项，两句中的“之”都是助词，用在主谓之间，取消句子独立性，不译。B项，第一句中的“而”，连词，表顺承。第二

句中的“而”，通“尔”，代词，你的。C项，两句中的“安”都是疑问词，译为“怎么”。D项，两句中的“者”都是助词，译为“……的人”。

【答案】

B

3. 下列对文中语句的理解，不正确的一项是（3分）

A. 孔子讲诵弦歌不衰

孔子依旧像平常那样讲学诵诗，弹琴吟歌

B. 意者吾未仁邪

大概是我们的仁德还有什么地方没有修养好吧

C. 今尔不修尔道而求为容

现在你不修养你奉行的学说却追求世人的接纳赞同

D. 不容然后见君子

不被世俗的人收容然后才能看见真正的君子

【题解】

考查对句意的理解。“不容然后见君子”应译为：不被容纳然后才现出君子本色。“容”，容纳；“见”，现出，显现。

【答案】

D

4. 把文言文阅读材料中画横线的句子翻译成现代汉语。（4分）

孔子贤者，所刺讥皆中诸侯之疾。

【题解】

考查文言翻译。“刺讥”，指责抨击；“中”，切中；“疾”，弊病。同时要注意所字结构，翻译时要译成名词性短语。

【答案】

孔子是个贤人，他所指责抨击的都切中诸侯的弊病。

5. 请用自己的话简要概括孔子不容于诸侯的基本原因。（5分）

【题解】

考查对文本内容的理解。文章第一段很明确地表达出了诸大夫对孔子的态度，文章最后一段楚令尹子西与楚王的一段对话也表明孔子是个贤人，他的弟子也都是有才能的人，如果任用孔子有可能会给楚国带来麻烦。因此可得出孔子不容于诸侯的原因。

【答案】

因为孔子是个贤人，他所指责抨击的都切中诸侯的弊病。而诸侯执政者的所作所为都不符合孔子的心意，所以孔子不容于诸侯。

【参考译文】

孔子迁居到蔡国的第三年，吴国军队攻打陈国。楚国出兵援救陈国，驻扎在城父。听说孔子在陈国、蔡国之间，楚昭王便派人聘请孔子。孔子准备前往拜见回礼，陈国、蔡国的大夫们谋划说："孔子是个贤人，他所指责抨击的都切中诸侯的弊病。如今他长久滞留在陈国、蔡国之间，众大夫的所作所为都不符合他的心意。如今楚国是大国，派人前来聘请孔子，倘若孔子在楚国被起用，我们这些在陈国、蔡国主事的大夫就危险了。"于是大夫们就共同调发役使将孔子围困在野外。孔子没法行路，断绝了粮食。随从的弟子疲惫不堪，饿得站不起来。但孔子仍讲习诵读，演奏歌唱，传授诗书礼乐毫不间断。子路非常怨恨地来见孔子说："君子也有穷困的时候吗？"孔子说："君子能固守穷困而不动摇，小人穷困就胡作非为了。"

孔子知道弟子们有怨怒之心，就召见子路询问道："《诗》中说：'不是犀牛也不是老虎，却疲于奔命在空旷的原野。'我们的学说难道有不对的地方吗？我们为什么沦落到这个地步？"子路说："或许我们还没有达到'仁'吧！所以别人不信任我们。或许我们还没有达到'智'吧！所以别人不实行我们的学说。"孔子说："有这些缘由吗！仲由，我打个比方给你听，假如仁者就必定受到信任，那怎么还会有伯夷、叔齐（的遭遇）？假如智者就必定能行得通，那怎么还会有王子比干（的遭遇）？"

子路出去，子贡进来面见。孔子说："赐啊，《诗》中说：'不是犀牛也不是老虎，却疲于奔命在空旷的原野。'我们的学说难道有不对的地方吗？我们为什么沦落到这个地步？"子贡说："老师的学说极其宏大。所以天下没有国家能容得下您。老师是否可以稍微降低一点标准呢？”孔子说：“赐，优秀的农夫善于播种耕耘却不能保证获得好收成，优秀的工匠擅长工艺技巧却不能迎合所有人的要求。君子能够修明自己的学说，用法度来规范国家，用道统来治理臣民，但不能保证被世人接受。如今你不修明你奉行的学说却去追求被世人接受。赐，你的志向太不远大了！”

子贡出去，颜回进来见孔子。孔子说：“回啊，《诗》中说：‘不是犀牛也不是老虎，却疲于奔命在空旷的原野。’我们的学说难道有不对的地方吗？我们为什么沦落到这个地步？”颜回说：“老师的学说极其宏大，所以天下没有国家能够容纳。即使如此，老师推广而实行它，不被容纳担心什么？正是不被容纳，才会现出君子本色！老师的学说不修明，这是我们的耻辱。老师的学说宏大美好却不被采用，这是当权者的耻辱。不被容纳担心什么？不被容纳才会现出君子本色！”孔子高兴地笑道：“有道理啊，颜家的孩子！”

于是孔子派子贡到楚国求救。楚昭王派兵迎接孔子。楚昭王准备把有户籍的民社方圆七百里之地封给孔子。楚国令尹子西说：“大王出使诸侯的使者有像子贡这样的吗？”昭王说：“没有。”令尹子西说：“大王的宰辅国相有像颜回这样的吗？”昭王说，“没有。”令尹子西说：“大王的将帅有像子路这样的吗？”昭王说：“没有。”令尹子西说：“大王的各部长官有像宰予这样的吗？”昭王说：“没有。”令尹子西说：“况且楚国的祖先在周受封时，名号为子男，封地方圆五十里。如今孔丘总是讲述三皇五帝的法度，申明周公旦、召公奭辅佐周天子的事业，大王如果任用了他，那楚国怎么还能世世代代保有辽阔的方圆几千里的土地呢？文王在丰邑，武王在镐京，只有百里土地的君主却统治了整个天下。现在如果让孔丘拥有那七百里的土地，有才能的弟子再辅佐他，这不是楚国的福音啊。”昭王就打消了这个念头。

二、阅读下面两则文言文，完成1—6题。（共24分）

（一）

哀公命席，问于孔子，曰：“敢问儒行。”孔子对曰：“儒有席上之珍以待聘，夙夜强学以待问，怀忠信以待举，力行以待取。其自立有如此者。儒有居处齐难[1]，其坐起恭敬；言必先信，行必中正；道涂不争险易之利，冬夏不争阴阳之和[2]；爱其死以有待也，养其身以有为也。其备豫有如此者。儒有委之以货财，淹之以乐好，见利不亏其义；劫之以众，沮[3]之以兵，见死不更其守。其特立有如此者。儒有忠信以为甲胄，礼义以为干橹[4]；戴仁而行，抱义而处；虽有暴政，不更其所。”

（取材于《礼记》）

注释：【1】齐难（zhāi nǎn）：庄重恭敬的意思。【2】和：舒适。【3】沮：恐吓。【4】干橹：盾牌。

（二）

楚昭王聘孔子，孔子往拜礼焉，路出于陈、蔡。陈、蔡大夫相与谋曰：“孔子圣贤，其所刺讥皆中诸侯之病。若用于楚，则陈、蔡危矣。”遂使徒兵距孔子。孔子不得行，绝粮七日，外无所通，藜羹不充，从者皆病。孔子愈慷慨讲诵，弦歌不衰。

子贡以所赍货，窃犯围而出，告籴于野人，得米一石焉。颜回炊之于坏屋之下，有埃墨[1]堕饭中，颜回取而食之。子贡自井望见之，不悦，以为窃食也。入问孔子曰：“仁人廉士，穷改节乎？”孔子曰：“改节即何称于仁廉哉？”子贡曰：“若回也，其不改节乎？”子曰：“然。”子贡以所饭告孔子。子曰：“吾信回之为仁久矣，虽汝有云，弗以疑也，其或者必有故乎？汝止，吾将问之。”

召颜回曰：“畴昔予梦见先人，岂或启佑我哉？子炊而进饭，吾将进焉。”对曰：“向有埃墨堕饭中，欲置之，则不洁；欲弃之，则可惜。回即食之，不可祭也。”孔子曰：“然乎，吾亦食之。”

颜回出，孔子顾谓二三子曰：“吾之信回也，非待今日也。”二三子由此乃服之。

（取材于《孔子家语》）

注释：【1】埃墨：灰尘、尘土。

1. 下列对句中加点词的解释，不正确的一项是（3分）

A. 爱其死以有待也　　爱：吝惜

B. 儒有委之以货财　　委：推托

C. 子贡以所赍货　　　　赍：携带

D. 穷改节乎　　　　　　节：操守

【题解】

考查对文言实词的理解。“委”，交付。

【答案】

B

2. 下列各组句中加点词的意义和用法，相同的一项是（3 分）

A. 怀忠信以待举
夫夷以近

B. 其自立有如此者
其孰能讥之乎

C. 子贡以所饭告孔子
向之所欣

D. 吾之信回也
胡为乎遑遑欲何之

【题解】

考查对文言虚词的理解。A 项，第一句中的“以”，连词，表目的，来。第二句中的“以”，连词，并且。B 项，第一句中的“其”，代词，代儒者。第二句中的“其”，副词，加强语气，难道。C 项，两句中的“所”都是所字结构，……的情况。D 项，第一句中的“之”，助词，取消句子独立性，不译。第二句中的“之”，动词，去，到，往。

【答案】

C

3. 下列对文中语句的理解，不正确的一项是（3 分）

A. 夙夜强学以待问

早晚努力学习来等待别人询问

B. 淹之以乐好

用声色嗜好使他沉溺

C. 告籴于野人

告诉村民哪里可以买到米

D. 岂或启佑我哉

难道是祖先（在）启发保佑我们吗

【题解】

考查对句意的理解。“告籴于野人”应译为：向农夫请求买些粮食。“告”，请求。

【答案】

C

4. 材料（一）中谈到儒者“言必先信”，下列语句与之不符的一项是（3分）

A. 与朋友交，言而有信　　（《论语·学而》）

B. 人而无信，不知其可也　　（《论语·为政》）

C. 老者安之，朋友信之　　（《论语·公冶长》）

D. 宽则得众，信则人任焉　　（《论语·阳货》）

【题解】

考查对实词的理解。在比较阅读中理解语境义。题干中的“信”，诚信；C项中的“信”，信任。

【答案】

C

5. 将下面句子译为现代汉语。（4分）

（1）虽有暴政，不更其所。

（2）其所刺讥皆中诸侯之病。

【题解】

考查文言翻译。“虽”，即使；“更”，改变；“刺讥”，讥讽批评；“中”，切中。同时要注意所字结构，翻译时要译成名词性短语。

【答案】

（1）即使（国家）有残暴的统治，（也）不改变自己（坚守）的。

（2）他讥讽批评的都切中诸侯的弊病。

6. 根据材料（二），完成下面的题目。（8 分）

（1）材料（二）结尾“二三子由此乃服之”一句中的“之”，指代的内容是什么？请依据原文简要说明理由。（3 分）

（2）材料（二）中有“孔子不得行，绝粮七日，外无所通，藜羹不充，从者皆病。孔子愈慷慨讲诵，弦歌不衰”。请你结合材料（一）中的语句，从儒者人格的角度简要评析孔子的上述行为。（5 分）

【题解】

考查对文本内容的理解与运用。解答此题，首先要交代清楚孔子的行为，然后再结合材料（一）中的相关语句评析。

【答案】

（1）内容：“之”可指代孔子，也可指代颜回，也可指代孔子的探问方法。

理由：根据文意，自圆其说即可。

（2）示例：孔子困于陈、蔡，绝粮七日。面临如此困厄的局面，他仍然讲诵不辍，弦歌不衰。孔子的行为正体现了儒者所特有的立身准则：“劫之以众，沮之以兵，见死不更其守”，“戴仁而行，抱义而处；虽有暴政，不更其所”。在众人威逼、武力恐吓、死亡威胁、残暴统治等困厄情况下，他也不会改变操守。这就是儒者应有的人格。

评分标准：孔子的行为，2 分；结合材料（一）中的相关语句评析，3 分。

【参考译文】

（一）

鲁哀公命令（人）铺设席位，向孔子询问，说：“冒昧地问（您），儒者的德行有（哪些）。”孔子回答道：“儒者有（如）筵席上的珍宝来等待（诸侯）聘用，早晚努力学习来等待别人询问，怀藏忠诚和诚信来等待被举荐，努力去做来等待被采用。儒者立身处世（就）像这样。儒者有庄重敬畏的行为，他们坐下站起（都很）恭敬；讲话一定以诚信为先，行为一定公正不偏；在道路上不争走平路的好处，冬天夏天不与人争暖和凉快的舒适；吝惜自己的死亡来等待（时机），保养自己的身体来有所作为。儒者（在修养方面的）准备（就）像这样。把货物钱财交付给儒者，用声色嗜好使他沉溺，（他）见到利益不会放弃自己的道义；用众人胁迫他，用武器恐吓他，面对死亡（也）不会改变自己的操守。儒者独特的志向和操守（就）像这样。儒者有把忠信作为盔甲，把礼义作为盾牌（的情况）；尊奉仁义做事，怀有道义交往；即使（国家）有残暴的统治，儒者（也）不会改变自己（坚守）的。”

（二）

楚昭王聘请孔子（到楚国去），孔子去向楚昭王行拜谢之礼，途中路过陈国、蔡国。陈国、蔡国的大夫一起谋划说：“孔子是位圣贤，他讥讽批评的都切中诸侯的弊病。如果被楚国聘用，那（我们）陈国、蔡国就危险了。”于是就派兵阻拦孔子。孔子不能前行，断粮七天，没有和外面联系的方法，（连）野菜汤都不够，跟随的人都生病（了）。孔子更加情绪激昂地讲解诗篇，依琴瑟而歌咏不停。

子贡偷偷地冲出包围逃出去，用携带的财物向农夫请求买些粮食，得到一石米。颜回在破败的屋子里生火煮饭，有灰尘落（在）饭中，颜回拿起弄脏的饭就吃了。子贡在井边远远地看见了，（心里）不高兴，认为颜回偷吃。

（子贡）进屋询问孔子：“仁人廉士，处在困境（的时候）会改变节操吗？”孔子说：“如果改变节操怎么称得上仁人廉士呢？”子贡问：“像颜回（这样的人），恐怕不会改变节操吧？”孔子说：“是的。”子贡把（颜回）偷吃的事告诉孔子。孔子说：“我相信颜回是仁德的人（已经）很久了，虽然你（这样）说，我（也）不因（此）怀疑（他），他那样做或许一定有原因吧？你留下，我要问问他。”

（孔子把）颜回叫过来说：“前几天我梦见祖先，难道是祖先（在）启发保佑我们吗？你做好饭拿进来，我要进献给祖先。”（颜回）说：“刚才有灰尘落（在）饭中，（我）想要放在那儿（不管），就不干净；想要扔掉，就可惜了。我就吃了它，（这饭）不能（用来）祭祖了。”孔子说：“对呀，我也（会）吃掉它。”

颜回出去（后），孔子回头对弟子们说：“我相信颜回，不是等到今天啊。”弟子们因此就叹服他。

三、阅读下面文言文，完成 1—5 题。（共 18 分）

子道

入孝出弟，人之小行也；上顺下笃，人之中行也；从道不从君，从义不从父，人之大行也。若夫志以礼安，言以类使，则儒道毕矣。虽尧舜不能加毫末于是矣。

孝子所不从命有三：从命则亲危，不从命则亲安，孝子不从命乃衷；从命则亲辱，不从命则亲荣，孝子不从命乃义；从命则禽兽，不从命则修饰[1]，孝子不从命乃敬。故可以从命而不从，是不子也；未可以从而从，是不衷也；明于从不从之义，而能致恭敬、忠信、端悫[2]以慎行之，则可谓大孝矣。传曰："从道不从君，从义不从父。"此之谓也。故劳苦、雕萃[3]而能无失其敬，灾祸、患难而能无失其义，虽见恶于其而能无失其爱，非仁人莫能行。诗曰："孝子不匮。"此之谓也。

鲁哀公问于孔子曰："子从父命，孝乎？臣从君命，贞乎？"三问，孔子不对。

孔子趋出以语子贡曰："乡者，君问丘也，曰：'子从父命，孝乎？臣从君命，贞乎？'三问而丘不对，赐以为何如？"子贡曰："子从父命，孝矣。臣从君命，贞矣，夫子有奚对焉？"

孔子曰："小人哉！赐不识也！昔万乘之国，有争臣四人，则封疆不削；千乘之国，有争臣三人，则社稷不危；百乘之家，有争臣二人，则宗庙不毁。父有争子，不行无礼；士有争友，不为不义。故子从父，奚子孝？臣从君，奚臣贞？审其所以从之之谓孝、之谓贞也。"

子路问于孔子曰："有人于此，夙兴夜寐，耕耘树艺，手足胼胝，以养其亲，然而无孝之名，何也？"

孔子曰："意者身不敬与？辞不逊与？色不顺与？古之人有言曰：'衣与！缪与！不女聊。'"子路曰："今夙兴夜寐，耕耘树艺，手足胼胝，以养其亲，无此三者，则何为而无孝之名也？意者所友非人邪？"孔子曰："由志之，吾语女。虽有国士之力，不能自举其身。非无力也，势不可也。故入而行不修，身之罪也；出而名不章，友之过也。故君子入则笃行，出则友贤，何为而无孝之名也！"

（取材于《荀子·子道》）

注释：【1】修饰：修养而端正。【2】端悫（duān què）：端正、诚实。【3】雕萃：伤损病困；凋摧憔悴。

1. 下列对句中加点词的解释，不正确的一项是（3分）

A. 上顺下笃　　笃：厚道

B. 孝子不匮　　匮：匮乏

C. 辞不逊与　　逊：逊色

D. 出而名不章　　章：显扬

【题解】

考查对文言实词的理解。“逊”，谦逊，谦虚。

【答案】

C

2. 下列各组句中加点词的意义和用法，不相同的一项是（3分）

A. 故可以从命而不从　　青取之于蓝，而青于蓝

B. 意者身不敬与　　太守与客来饮于此

C. 则何为而无孝之名也　　大王来何操

D. 故君子入则笃行　　位卑则足羞

【题解】

考查对文言虚词的理解。A项，两句中的“而”都是表转折，却。B项，第一句中的“与”，语气助词；第二句中的“与”，介词，和，同，跟。C项，两句中的“何”都是代词，什么。D项，两句中的“则”都是连词，就。

【答案】

B

3. 下列对原文的理解与分析，不正确的一项是（3分）

A. “忠孝”是儒家的经典话题，本文的观点闪现出儒家独特的智慧。

B. 荀子认为孝悌是做人最起码的道德操守，道义是做人的最高准则。

C. 本文作者认为，子从父命，臣从君命，就是“忠孝”最好的体现。

D. 孔子认为如能做到身敬、辞逊、色顺、友贤，就会有孝顺的名声。

【题解】

考查对文本内容的理解。文章第五段孔子认为儿子一味听从父亲，不是孝顺；臣子一味听从君主，不是忠贞。孔子主张弄清楚了听从的是什么才是忠孝。

【答案】

C

4. 将文中画线的句子译为现代汉语。（3 分）

虽见恶于其而能无失其爱，非仁人莫能行。

【题解】

考查文言翻译。“虽”，即使；“见……于”，被；“失”，丧失；“行”，做。

【答案】

即使被父母憎恶时仍能不丧失对父母的爱，如果不是仁德之人是不能做到的。

评分标准：每错一处扣掉 1 分，扣完为止。

5. 请结合全文内容，简要阐释荀子是如何论证自己的观点的。（6 分）

【题解】

考查对文本论述方法的把握。解答此题，首先，要读懂全文，弄清文章意思；其次，理解主旨，明确文章的论证层次；最后，组织语言，按照文章的逻辑结构组织答案。

【答案】

①作者在第一段表明顺从正道而不顺从君主，顺从道义而不顺从父亲，这是做人的最高准则的观点。②接着，在第二段分析孝子不服从命令的三种原因，说明对待父母忠诚、恭敬、符合道义才是“大孝”。③最后，作者列举孔子及其弟子的言论进一步阐释在服从命令时要符合“礼”、符合“义”，这样才是真正的“忠孝”，并说明只有内修笃厚品行，外交仁德、贤能之人才可

得孝顺之名。

【参考译文】

在家孝敬父母，出外敬爱兄长，这是做人最起码的道德操守；对上顺从，对下厚道，这是做人的中等道德操守；顺从正道而不顺从君主，顺从道义而不顺从父亲，这是做人的最高准则。如果能根据礼义来安排志向，根据法度来指导自己的言论，那么儒家之道也就完备了。即使是尧舜这样贤明的君主，也不能在这上面有丝毫的增益了。

孝子不服从命令的原因有三种：服从命令，父母亲就会有危险，不服从命令，父母亲就安全，那么孝子不服从命令就是忠诚；服从命令，父母亲就会受到耻辱，不服从命令，父母亲就光荣，那么孝子不服从命令就是奉行道义；服从命令，就会使父母的行为像禽兽一样野蛮，不服从命令，就会使父母的行为富有修养而端正，那么孝子不服从命令就是恭敬。所以，可以服从而不服从，这是不尽孝子之道；不可以服从而服从，这是不忠于父母；明白了服从或不服从的道理，并且能做到恭敬尊重、忠诚守信、正直老实地来谨慎实行它，就可以称之为大孝了。古书上说："顺从正道而不顺从君主，顺从道义而不顺从父亲。"说的就是这个道理。所以，即使自己劳苦憔悴时也不能丧失对父母的恭敬，遭到灾祸患难时也不能丧失对父母应尽的道义，即使被父母憎恶时仍能不丧失对父母的爱，如果不是仁德之人是不能做到的。《诗经》上说："孝子之孝无穷尽。"说的就是这个道理。

鲁哀公问孔子说："儿子服从父亲的命令，就是孝顺吗？臣子服从君主的命令，就是忠贞吗？"问了三次，孔子不回答。

孔子小步快走而出，把这件事告诉子贡说："刚才，国君问我，说：'儿子服从父亲的命令，就是孝顺吗？臣子服从君主的命令，就是忠贞吗？'问了三次而我不回答，你认为怎样？"子贡说："儿子服从父亲的命令，就是孝顺了；臣子服从君主的命令，就是忠贞了。先生又能怎样回答他呢？"

孔子说："真是个小人，你不懂啊！从前拥有万辆兵车的大国，只要有了四个敢于诤谏的大臣，那么疆界就不会被割削；拥有千辆兵车的小国，有了三个敢于诤谏的大臣，那么国家政权就不会有危险；拥有百辆兵车的大夫之家，有了两个诤谏的大臣，那么宗庙就不会毁灭。父亲有了诤谏的儿子，就不会做不合礼制的事；士人有了诤谏的朋友，就不会做不合道义的事。所以，儿子一味听从父亲，怎能说这儿子是孝顺？臣子一味听从君主，怎能说这臣子是忠贞？弄清楚了听从的是什么才可以叫作孝顺、叫作忠贞。”

子路问孔子说：“这里有个人，早起晚睡，耕地锄草栽植播种，手脚都磨出了老茧，以此来赡养自己的父母，却没有孝顺的名声，为什么呢？”

孔子说：“想来大概是他举止不恭敬吧！或许是他说话不谦虚吧！或许是他脸色不温顺吧！古代的人有句话说：‘给我穿啊给我吃啊，若不恭敬就不靠你。’”子路说：“现在有的人并没有举止不恭敬、说话不谦虚、脸色不温顺这三种行为，那为什么会没有孝顺的名声呢？想来大概是他所交的朋友不是个仁德之人吧！”孔子又说：“仲由，记住吧！我告诉你。即使有了全国闻名的大力士的力气，也不能自己举起自己的身体，这不是没有力气，而是客观情势不许可。所以，君子在家里行为不整饬，这是自己的罪过；在外名声不显扬，是朋友的罪过。所以，君子在家就要品行忠诚厚道，出外就和贤能的人交朋友。如果能够做到这样的话，怎么会没有孝顺的名声呢？”

高考真题

高考真题是风向标。研究有关《论语》的高考真题，对提高阅读效率，加强有效备考有着极为重要的意义。

对《论语》的考查，不论是前些年各省单独命题，还是现今统一命题，都曾有涉及，只不过之前的考查比较单一，偶以简单的记忆类考题为主。近几年北京卷对《论语》的考查力度逐步加大，题型也越来越丰富化、成熟化。这既与《普通高中语文课程标准》(2017年版2020年修订)“应完成一部长篇小说和一部学术著作的阅读”导向相吻合，也是对当下“快餐式”“浅表化”“碎片化”阅读的反驳。本书辑录了北京卷的部分高考真题，若细心研究，反复揣摩，必将受益匪浅。

北京卷

1.（2015 高考北京卷）根据要求，完成题目。（共 6 分）

《论语·侍坐》篇，子路、曾皙、冉有、公西华分别讲述了自己的志向，孔子对子路的话不以为然。篇末是曾皙与孔子师生二人的对话，这一对话存在两种不同的标点，其中一种标点如下。

曰："夫子何哂由也？"

曰："为国以礼，其言不让，是故哂之。唯求则非邦也与？安见方六七十，如五六十而非邦也者？唯赤则非邦也与？宗庙会同，非诸侯而何？赤也为之小，孰能为之大？"

另一种标点如下。

曰："夫子何哂由也？"

曰："为国以礼，其言不让，是故哂之。"

（　）"唯求则非邦也与？"

（　）"安见方六七十，如五六十而非邦也者？"

（　）"唯赤则非邦也与？"

（　）"宗庙会同，非诸侯而何？赤也为之小，孰能为之大？"

（1）请在括号内写出本句的说话人。（1 分）

（2）不同的标点源于对文本不同的解读，请简要说明第二种解读与第一种的不同之处。有人认为第二种解读优于第一种，你赞成哪一种？请说明理由。（5 分）

【题解】

（1）考查对文本的理解与把握能力。一问一答，结合语境只要把握孔子的观点和二人师生的关系就能推断出来。

（2）考查对文本的理解概括与分析评价能力。两种标点解读，不同之处在于：第一种标点，是孔子在回答了曾皙的问题之后，又自问自答；第二种标点，是曾皙和孔子二人一问一答。解答此题，首先表明态度，然后从内容与方式方法的角度说明理由。

【答案】

（1）曾皙　孔子　曾皙　孔子

（2）不同之处：要点一：第一种解读认为在对话中，曾皙一次发问，孔子一次作答；第二种解读认为曾皙三次发问，孔子三次作答。

要点二：第二种解读认为，曾皙与孔子的关注点不同，直到最后二人也没有谈拢。孔子关注的是"为国以礼"，应该谦虚，故对子路的话不以为然；曾皙的志向与其他三人不同，他不想从政（有出世倾向），他的关注点是从政与不从政的差别，他认为孔子既然对子路的从政"哂之"，就应该也对冉有和公西华"哂之"，所以才会有连续的发问。第一种解读没有体现上述内容。

看法及理由：

示例一：赞同第一种解读。理由是，孔子的关注点在于"为国"是否"以礼"、是否谦虚，所以他用一连串的反问句，强调赤和求同样是为政却表现得谦虚，反衬子路不够谦虚。孔子细致地回答了曾皙的提问，循循善诱，诲人不倦。

示例二：赞同第二种解读。理由是，这一解读与前文四人各言其志衔接紧密，生动地再现了师生间的对话过程和各自不同的关注点。曾皙一再追问，孔子耐心作答，表现了融洽和谐的师生关系。这一解读文气更顺。

2.（2018 高考北京卷）根据要求，完成题目。（共 5 分）

《论语》记录了孔子与弟子间的许多对话，如《先进》篇：

子路问："闻斯[1]行诸？"子曰："有父兄在，如之何其闻斯行之？"

冉有问："闻斯行诸？"子曰："闻斯行之。"

公西华曰："由也问闻斯行诸，子曰，'有父兄在'；求也问闻斯行诸，子曰，'闻斯行之'。赤也惑，敢问。"子曰："求也退，故进之；由也兼人[2]，故退之。"

注释：【1】斯：就。【2】兼人：勇于作为。

请简要概述孔子三次回答的内容，并说明此则短文反映了孔子怎样的思想。

【题解】

考查对文言文的理解和概括能力。子路和冉有同问“闻斯行诸”，孔子根据二人不同的性格特点给出了不同的回答。子路性格鲁莽直率，所以孔子要他向父兄请教后再去做；冉有性格谦逊，办事犹豫不决，所以孔子鼓励他遇事要立刻去做。一进一退，显示出孔子因材施教的教育理念。

【答案】

（1）内容：①孔子告诉子路不应听到某种道理就立刻去实行它，要先听听父兄的意见。②孔子告诉冉有可以听到某种道理就去实行它。③孔子认为冉有容易退缩，所以鼓励他进取；认为子路勇于作为，胆子太大，所以要他谨慎些。

（2）思想：此则短文反映了孔子因材施教的教育思想。即结合每个学生的特点和其不同的品质，给予不同的教育方法和言语指导。

3.（2019高考北京卷）阅读下面《论语》中的文字，回答问题。（共7分）

子曰：“富与贵，是人之所欲也；不以其道得之，不处[1]也。贫与贱，是人之所恶也；不以其道得之，不去也。君子去仁，恶乎成名？君子无终食之间违仁，造次[2]必于是，颠沛必于是。”（《论语·里仁》）

注释：【1】处：处在、居处。【2】造次：仓促之间。

（1）“不以其道得之，不处也。”本句中的“其道”指什么？全段表达了孔子的什么思想？

（2）“不以其道得之，不去也。”杨伯峻在《论语译注》中认为，“得之”应改为“去之”；也有学者认为，“不以其道得之”的“不”字应删去。请根据以上两种不同解读，分别解释句意。

【题解】

（1）考查对文段的理解概括能力。在理解整段文意的基础上把握孔子的思想。

（2）考查对句意的准确解释与把握能力。解释句意，不仅是在语言知识层面的解读，更需要依据孔子的思想来解读。学习传统文化经典，要重视对其中优秀的思想价值和文化内涵的吸收与陶冶。

【答案】

（1）“其道”是指正当的方法，即仁义之道，它是君子安身立命的基础。孔子说任何人都希望得到富贵安逸，都厌恶贫穷困顿，但这必须通过正当的手段和途径去获取，无论是富贵还是贫贱，无论是在仓促之间还是颠沛流离之时，都不能违背这个原则，体现了孔子坚守信念，不违于仁的思想。

（2）第一种解读：不用正当的方法去摆脱它（贫穷困顿），（君子）就不会去摆脱。

第二种解读：如果用正当的方法却处于贫贱之中，就不用去摆脱它（而甘于贫贱）。

4.（2020高考北京卷）阅读下面《论语》中的文字，回答问题。（共6分）

子曰：“我非生而知之者，好古，敏以求之者也。”（《论语·述而》）

子曰：“盖有不知而作之者，我无是也。多闻，择其善者而从之，多见而识之，知之次也。”（《论语·述而》）

太宰问于子贡曰：“夫子圣者与？何其多能也？”子贡曰：“固天纵之将圣，又多能也。”子闻之，曰：“太宰知我乎！吾少也贱，故多能鄙事。君子多乎哉？不多也。”（《论语·子罕》）

（1）请解释“生而知之者”与“不知而作之者”。（2分）

（2）综合以上材料，简述孔子获取知识的途径，并就其中一点谈谈对你的启示。（4分）

【题解】

（1）考查对句子含义的理解能力。解答此题，需要结合语境说明解释具体语句的意思。

（2）考查对文本的理解概括和分析评价能力。解答此题，需要在第（1）题的基础上，找出材料中的“好古”“多闻”“择其善者而从之”“多见而识之”“多能”等表示获取知识途径的关键词语，用自己的话表述即可。然后，选择其中一点谈启示。

【答案】

（1）“生而知之者”是生来就有知识的人（天生聪明智慧的人）；“不知而作之者”是自己不懂却凭空造作的人（不知其然而盲目创作的人）。

（2）途径：学习研究古代文化；增广见闻，择善而从；注重实践，掌握多种技艺。

启示：（示例）要学习孔子，掌握多种技艺，做一个复合型人才，让自己成为优秀的人。

5.（2021高考北京卷）阅读下面《论语》中的文字，回答问题。（共6分）

子曰：“由也！女闻六言[1]六蔽矣乎？”对曰：“未也。”

“居！吾语女。好仁不好学，其蔽也愚；好知不好学，其蔽也荡；好信不好学，其蔽也贼；好直不好学，其蔽也绞；好勇不好学，其蔽也乱；好刚不好学，其蔽也狂。”（《论语·阳货》）

注释：【1】言：德。

孔子为什么把学习与道德修养联系在一起？请从“六言六蔽”中任选两个，用自己的话加以解释。

【题解】

（1）考查对名著内容、观点的理解与把握能力。根据原文章句可知，只有品德而不爱好学习，就会有六种弊病；而如果爱好学习，也能够帮助人更好地实践道德。

（2）考查对句意的理解与解释能力。任意选择自己熟悉的两句进行解释即可。注意关键词：“其弊”，它的弊病；“知”，智慧；“荡”，放荡；“信”，诚信；“贼”，危害亲人；“绞”，说话尖刻；“乱”，犯上作乱；“狂”，狂妄自大。

【答案】

要点：

（1）通过学习可以加强或提升道德修养，如果不学习就会产生各种弊病。

（2）“好仁”二句：追求仁德而不喜好学习，它的弊病是憨傻易欺。

“好知”二句：喜好聪慧却不喜好学习，它的弊病是放荡无守。

“好信”二句：讲求诚信却不喜好学习，它的弊病是带来伤害。

“好直”二句：讲求直率而不喜好学习，它的弊病是尖刻伤人。

“好勇”二句：追求勇敢却不喜好学习，它的弊病是好斗作乱。

“好刚”二句：喜好刚强却不喜好学习，它的弊病是狂妄自大。

（答出其中的两个即可）

附录 1

《论语》全文重点章解

学而篇第一

1.1 子曰："学而时习之，不亦说乎？有朋自远方来，不亦乐乎？人不知而不愠，不亦君子乎？"

章解：学习就是做人做事，进德修身。温故知新，有朋之乐（与朋友共），耐得住寂寞。

1.2 有子曰："其为人也孝弟，而好犯上者，鲜矣；不好犯上，而好作乱者，未之有也。君子务本，本立而道生。孝弟也者，其为仁之本与！"

章解：孝悌的意义。孝悌是仁德的基础。

1.3 子曰："巧言令色，鲜矣仁！"

章解：反对巧言令色，要真诚坦荡。

1.4 曾子曰："吾日三省吾身：为人谋而不忠乎？与朋友交而不信乎？传不习乎？"

章解：要善于自我反省。

1.5 子曰："道千乘之国，敬事而信，节用而爱人，使民以时。"

章解：治国之道。从政态度，治理方法，基本要求（手段）。

1.6 子曰："弟子，入则孝，出则悌，谨而信，泛爱众，而亲仁。行有余力，则以学文。"

章解：学习做人的途径。入孝出悌，说话谨慎且讲诚信，博爱大众，读行结合。

1.7 子夏曰："贤贤易色；事父母，能竭其力；事君，能致其身；与朋友交，言而有信。虽曰未学，吾必谓之学矣。"

章解：修己当从身边做起，重视道德实践。能正确处理好与妻子、父母、君上、朋友这些关系，就是好学。

1.8　子曰：“君子不重，则不威；学则不固。主忠信，无友不如己者。过则勿惮改。”

章解：君子应以忠信主宰自己的行动。

1.9　曾子曰：“慎终，追远，民德归厚矣。”

章解：对死的敬畏和对过往的崇敬。

1.10　子禽问于子贡曰：“夫子至于是邦也，必闻其政，求之与？抑与之与？”子贡曰：“夫子温、良、恭、俭、让以得之。夫子之求之也，其诸异乎人之求之与？”

章解：圣贤的风采和境界。要注重个人修养。

1.11　子曰：“父在，观其志；父没，观其行；三年无改于父之道，可谓孝矣。”

章解：孝顺父母的方法。遵从父亲正确的为人处世之道。

1.12　有子曰：“礼之用，和为贵。先王之道，斯为美；小大由之。有所不行，知和而和，不以礼节之，亦不可行也。”

章解：中庸致和。以礼治国。

1.13　有子曰：“信近于义，言可复也。恭近于礼，远耻辱也。因不失其亲，亦可宗也。”

章解：交友待人之道。符合义礼，依靠亲人。

1.14　子曰：“君子食无求饱，居无求安，敏于事而慎于言，就有道而正焉，可谓好学也已。”

章解：要善于控制物欲，重视对真理的追求，重视人格。

1.15　子贡曰：“贫而无谄，富而无骄，何如？”子曰：“可也。未若贫而乐，富而好礼者也。”子贡曰：“《诗》云：‘如切如磋，如琢如磨’，其斯之谓与？”子曰：“赐也，始可与言《诗》已矣，告诸往而知来者。”

章解：安贫乐道，贫乐富礼。学习方法。

1.16　子曰：“不患人之不己知，患不知人也。”

章解：要耐得住寂寞。

为政篇第二

2.1　子曰：“为政以德，譬如北辰，居其所而众星共之。”

章解：以德服人。

2.2　子曰：“《诗》三百，一言以蔽之，曰：‘思无邪。’”

章解：评论《诗》。思想纯正，有教化作用。

2.3　子曰：“道之以政，齐之以刑，民免而无耻；道之以德，齐之以礼，有耻且格。”

章解：礼治与法治的区别。

2.4　子曰：“吾十有五而志于学，三十而立，四十而不惑，五十而知天命，六十而耳顺，七十而从心所欲，不逾矩。”

章解：在追求中完善自己。

2.5　孟懿子问孝。子曰：“无违。”樊迟御，子告之曰：“孟孙问孝于我，我对曰，无违。”樊迟曰：“何谓也？”子曰：“生，事之以礼；死，葬之以礼，祭之以礼。”

章解：重视孝道，依礼而行。

2.6　孟武伯问孝。子曰：“父母唯其疾之忧。”

章解：“孝”就是不让父母有更多的担心。

2.7　子游问孝。子曰：“今之孝者，是谓能养。至于犬马，皆能有养；不敬，何以别乎？”

章解：“孝”重在敬。

2.8　子夏问孝。子曰：“色难。有事，弟子服其劳；有酒食，先生馔，曾是以为孝乎？”

章解：“孝”就要对父母和颜悦色。

2.9　子曰：“吾与回言终日，不违，如愚。退而省其私，亦足以发，回也不愚。”

章解：真心信仰圣贤，虚心学习，并能有所发挥，主动创造。

2.10　子曰：“视其所以，观其所由，察其所安。人焉廋哉？人焉廋哉？”

章解：孔子的识人法则。

2.11 子曰："温故而知新，可以为师矣。"

章解：温故知新。

2.12 子曰："君子不器。"

章解：博学致道，全面发展。

2.13 子贡问君子。子曰："先行其言而后从之。"

章解：说得好不如做得好，君子应笃行。

2.14 子曰："君子周而不比，小人比而不周。"

章解：从团结他人的角度来区别君子与小人。

2.15 子曰："学而不思则罔，思而不学则殆。"

章解：学思结合。

2.16 子曰："攻乎异端，斯害也已。"

章解：主张博施广采、兼收并蓄，反对偏执一端、刚愎自用。

2.17 子曰："由！诲女知之乎！知之为知之，不知为不知，是知也。"

章解：客观谦虚。实事求是。

2.18 子张学干禄。子曰："多闻阙疑，慎言其余，则寡尤；多见阙殆，慎行其余，则寡悔。言寡尤，行寡悔，禄在其中矣。"

章解：做好官的方法与途径。慎言慎行。

2.19 哀公问曰："何为则民服？"孔子对曰："举直错诸枉，则民服；举枉错诸直，则民不服。"

章解：选拔人才应唯贤是举。

2.20 季康子问："使民敬、忠以劝，如之何？"子曰："临之以庄，则敬；孝慈，则忠；举善而教不能，则劝。"

章解：治理民众的三大要诀。庄重肃穆，孝亲慈众，举善教不能。

2.21 或谓孔子曰："子奚不为政？"子曰："《书》云：'孝乎惟孝，友于兄弟，施于有政。'是亦为政，奚其为为政？"

章解：引孝入政，以德治国，即为参与政治。

2.22 子曰："人而无信，不知其可也。大车无輗，小车无軏，其何以行之哉？"

章解：强调诚信。

2.23 子张问："十世可知也？"子曰："殷因于夏礼，所损益，可知也；

周因于殷礼，所损益，可知也。其或继周者，虽百世，可知也。”

章解：损益预测法。社会在变，礼也在变，损益是可以预测的。

2.24 子曰：“非其鬼而祭之，谄也。见义不为，无勇也。”

章解：乱作为与不作为。见义勇为，勇才用得其所。

八佾篇第三

3.1 孔子谓季氏，“八佾舞于庭，是可忍也，孰不可忍也？”

章解：僭越礼仪危害甚大。

3.2 三家者以《雍》彻。子曰：“‘相维辟公，天子穆穆’，奚取于三家之堂？”

章解：不能随意破坏共同遵守的秩序、规范和礼仪。

3.3 子曰：“人而不仁，如礼何？人而不仁，如乐何？”

章解：仁为礼本，仁为乐本。

3.4 林放问礼之本。子曰：“大哉问！礼，与其奢也，宁俭；丧，与其易也，宁戚。”

章解：礼的根本是仁，在于节俭和真诚。

3.7 子曰：“君子无所争。必也射乎！揖让而升，下而饮。其争也君子。”

章解：君子不争，争则公平。

3.8 子夏问曰：“‘巧笑倩兮，美目盼兮，素以为绚兮。’何谓也？”子曰：“绘事后素。”曰：“礼后乎？”子曰：“起予者商也！始可与言《诗》已矣。”

章解：礼后于仁，以礼成身。教学相长。

3.9 子曰：“夏礼，吾能言之，杞不足征也；殷礼，吾能言之，宋不足征也。文献不足故也。足，则吾能征之矣。”

章解：做学问，要养成严谨的学风和实事求是的态度。

3.12 祭如在，祭神如神在。子曰：“吾不与祭，如不祭。”

章解：参加祭礼的人内心要有虔诚的情感。

3.13 王孙贾问曰：“与其媚于奥，宁媚于灶，何谓也？”子曰：“不然。

获罪于天，无所祷也。”

章解：信守天道，不媚权贵。

3.14　子曰：“周监于二代，郁郁乎文哉！吾从周。”

章解：既要继承，也要发展。

3.15　子入太庙，每事问。或曰：“孰谓鄹人之子知礼乎？入太庙，每事问。”子闻之，曰：“是礼也。”

章解：谦逊好学，诚敬谨慎，这就是礼。

3.16　子曰：“射不主皮，为力不同科，古之道也。”

章解：礼射不主张射穿靶子，因为个人气力不一样，这是古时所行之道。

3.17　子贡欲去告朔之饩羊。子曰：“赐也！尔爱其羊，我爱其礼。”

章解：重礼。必要的形式不能少。

3.18　子曰：“事君尽礼，人以为谄也。”

章解：君臣之礼遭到破坏。

3.19　定公问：“君使臣，臣事君，如之何？”孔子对曰：“君使臣以礼，臣事君以忠。”

章解：正确处理君臣关系的基本原则。

3.20　子曰：“《关雎》，乐而不淫，哀而不伤。”

章解：凡事都要把握好尺度，勿过勿不及。

3.21　哀公问社于宰我。宰我对曰：“夏后氏以松，殷人以柏，周人以栗，曰，使民战栗。”子闻之，曰：“成事不说，遂事不谏，既往不咎。”

章解：对待过去的错误与失败的态度。

3.22　子曰：“管仲之器小哉！”或曰：“管仲俭乎？”曰：“管氏有三归，官事不摄，焉得俭？”“然则管仲知礼乎？”曰：“邦君树塞门，管氏亦树塞门。邦君为两君之好，有反坫，管氏亦有反坫。管氏而知礼，孰不知礼？”

章解：批评管仲。量小非君子，不节俭，不知礼。

3.24　仪封人请见，曰：“君子之至于斯也，吾未尝不得见也。”从者见之。出曰：“二三子何患于丧乎？天下之无道也久矣，天将以夫子为木铎。”

章解：薪尽火传，大道不绝。

3.25　子谓《韶》：“尽美矣，又尽善也。”谓《武》：“尽美矣，未尽善也。”

章解：谈艺术评价，尽善尽美。

3.26 子曰：“居上不宽，为礼不敬，临丧不哀，吾何以观之哉？”

章解：对当政者的道德要求。为政宜宽，执事宜敬，临丧宜哀。

里仁篇第四

4.1 子曰：“里仁为美。择不处仁，焉得知？”

章解：外部环境对个人成长的重要影响。

4.2 子曰：“不仁者不可以久处约，不可以长处乐。仁者安仁，知者利仁。”

章解：做人以仁为本。

4.3 子曰：“唯仁者能好人，能恶人。”

章解：公正地评价别人。

4.4 子曰：“苟志于仁矣，无恶也。”

章解：“仁”是做人的根本。

4.5 子曰：“富与贵，是人之所欲也；不以其道得之，不处也。贫与贱，是人之所恶也；不以其道得之，不去也。君子去仁，恶乎成名？君子无终食之间违仁，造次必于是，颠沛必于是。”

章解：君子怀仁。坚守信念，不违仁。

4.6 子曰：“我未见好仁者，恶不仁者。好仁者，无以尚之；恶不仁者，其为仁矣，不使不仁者加乎其身。有能一日用其力于仁矣乎？我未见力不足者。盖有之矣，我未之见也。”

章解：为仁的方法。只要努力去做，就能达到仁。

4.7 子曰：“人之过也，各于其党。观过，斯知仁矣。”

章解：察错识人法。

4.8 子曰：“朝闻道，夕死可矣。”

章解：闻道很重要。

4.9 子曰：“士志于道，而耻恶衣恶食者，未足与议也。”

章解：要注重对精神层面的追求。心中有道，志于求仁。

4.10　子曰：“君子之于天下也，无适也，无莫也，义之与比。”

章解：以义相伴走天下。

4.11　子曰：“君子怀德，小人怀土；君子怀刑，小人怀惠。”

章解：从仁德的角度来区别君子与小人。

4.12　子曰：“放于利而行，多怨。”

章解：义与利的问题。

4.13　子曰：“能以礼让为国乎，何有？不能以礼让为国，如礼何？”

章解：治国者必须礼让。

4.14　子曰：“不患无位，患所以立。不患莫己知，求为可知也。”

章解：要有本领。

4.15　子曰：“参乎！吾道一以贯之。”曾子曰：“唯。”子出，门人问曰：“何谓也？”曾子曰：“夫子之道，忠恕而已矣。”

章解：忠恕之道。

4.16　子曰：“君子喻于义，小人喻于利。”

章解：从义利的角度来区别君子与小人。

4.17　子曰：“见贤思齐焉，见不贤而内自省也。”

章解：以正面形象作指引，以反面教材作镜鉴，自我修养的捷径。

4.18　子曰：“事父母几谏，见志不从，又敬不违，劳而不怨。”

章解：如何劝说父母。谏而不违。

4.19　子曰：“父母在，不远游，游必有方。”

章解：重人伦，厚情谊。孝不远游。

4.21　子曰：“父母之年，不可不知也。一则以喜，一则以惧。”

章解：孝敬之行。

4.22　子曰：“古者言之不出，耻躬之不逮也。”

章解：谨言慎行。

4.23　子曰：“以约失之者鲜矣。”

章解：懂得自我约束的人少犯错误。

4.24　子曰：“君子欲讷于言而敏于行。”

章解：少说话多做事。

4.25　子曰：“德不孤，必有邻。”

章解：做人乃一切之本。

4.26　子游曰："事君数，斯辱矣；朋友数，斯疏矣。"

章解：保持恰当的人际距离。

公冶长篇第五

5.1　子谓公冶长："可妻也。虽在缧绁之中，非其罪也。"以其子妻之。

章解：不以一时荣辱评价他人。

5.2　子谓南容："邦有道，不废；邦无道，免于刑戮。"以其兄之子妻之。

章解：处世原则。治世能有所为，乱世能保全自己。

5.3　子谓子贱："君子哉若人！鲁无君子者，斯焉取斯？"

章解：人文环境的重要性。

5.4　子贡问曰："赐也何如？"子曰："女，器也。"曰："何器也？"曰："瑚琏也。"

章解：评价子贡。主要是勉励和赞扬，才智出众，堪当重任。

5.5　或曰："雍也仁而不佞。"子曰："焉用佞？御人以口给，屡憎于人。不知其仁，焉用佞？"

章解：莫逞口舌之能，应学会谨言慎行。

5.6　子使漆雕开仕。对曰："吾斯之未能信。"子说。

章解：谦虚。注重进德修业，不急功近利。

5.7　子曰："道不行，乘桴浮于海。从我者，其由与？"子路闻之喜。子曰："由也好勇过我，无所取材。"

章解：不逞匹夫之勇。

5.8　孟武伯问："子路仁乎？"子曰："不知也。"又问。子曰："由也，千乘之国，可使治其赋也，不知其仁也。""求也何如？"子曰："求也，千室之邑，百乘之家，可使为之宰也，不知其仁也。""赤也何如？"子曰："赤也，束带立于朝，可使与宾客言也，不知其仁也。"

章解：孔子对三个学生的评价。能管理军事，管理内政，主持外交。有才能不等于有仁德。

5.9　子谓子贡曰："女与回也孰愈？"对曰："赐也何敢望回？回也闻一以知十，赐也闻一以知二。"子曰："弗如也；吾与女弗如也。"

章解：评价颜回。举一反三，闻一知十，有学习主动性，好学。

5.10　宰予昼寝。子曰："朽木不可雕也，粪土之墙不可圬也；于予与何诛？"子曰："始吾于人也，听其言而信其行；今吾于人也，听其言而观其行。于予与改是。"

章解：做人要言行一致。

5.11　子曰："吾未见刚者。"或对曰："申枨。"子曰："枨也欲，焉得刚？"

章解：无欲则刚。

5.12　子贡曰："我不欲人之加诸我也，吾亦欲无加诸人。"子曰："赐也，非尔所及也。"

章解：子贡勉强能把握"恕道"，离"仁道"尚远。

5.13　子贡曰："夫子之文章，可得而闻也；夫子之言性与天道，不可得而闻也。"

章解：教育学生注重人道。关注现实。

5.14　子路有闻，未之能行，唯恐有闻。

章解：对子路勇于实践、知行合一的赞美。勇于实践才能成功。

5.15　子贡问曰："孔文子何以谓之'文'也？"子曰："敏而好学，不耻下问，是以谓之'文'也。"

章解：学习要不耻下问。

5.16　子谓子产："有君子之道四焉：其行己也恭，其事上也敬，其养民也惠，其使民也义。"

章解：君子的四大美德。行己恭，事上敬，养民惠，使民义。

5.17　子曰："晏平仲善与人交，久而敬之。"

章解：称赞晏婴善于跟人交朋友。

5.20　季文子三思而后行。子闻之，曰："再，斯可矣。"

章解：凡事都有一个度。慎重过头就成怯懦，要行动。

5.21　子曰："宁武子，邦有道，则知；邦无道，则愚。其知可及也，其愚不可及也。"

章解：大智若愚。

5.22　子在陈，曰：“归与！归与！吾党之小子狂简，斐然成章，不知所以裁之。”

章解：人要教育才能成才。

5.23　子曰：“伯夷、叔齐不念旧恶，怨是用希。”

章解：不念旧恶（宽容大度），是一种仁恕宽厚的德行修养。

5.24　子曰：“孰谓微生高直？或乞醯焉，乞诸其邻而与之。”

章解：做人不可伪饰。

5.25　子曰：“巧言、令色、足恭，左丘明耻之，丘亦耻之。匿怨而友其人，左丘明耻之，丘亦耻之。”

章解：不交伪友。耻辱观。

5.26　颜渊、季路侍。子曰：“盍各言尔志？”子路曰：“愿车马衣轻裘与朋友共，敝之而无憾。”颜渊曰：“愿无伐善，无施劳。”子路曰：“愿闻子之志。”子曰：“老者安之，朋友信之，少者怀之。”

章解：言志。子路：义者之志；颜回：谦者之志；孔子：仁者之志。

5.27　子曰：“已矣乎！吾未见能见其过而内自讼者也。”

章解：要学会自我批评。

5.28　子曰：“十室之邑，必有忠信如丘者焉，不如丘之好学也。”

章解：强调学习的重要性。

雍也篇第六

6.1　子曰：“雍也可使南面。”

章解：有为官才能。

6.2　仲弓问子桑伯子。子曰：“可也，简。”仲弓曰：“居敬而行简，以临其民，不亦可乎？居简而行简，无乃大简乎？”子曰：“雍之言然。”

章解：处理政务要简要。

6.3　哀公问：“弟子孰为好学？”孔子对曰：“有颜回者好学，不迁怒，不贰过。不幸短命死矣。今也则亡，未闻好学者也。”

章解：颜回好学。

6.4　子华使于齐，冉子为其母请粟。子曰：“与之釜。”请益。曰：“与之庾。”冉子与之粟五秉。子曰：“赤之适齐也，乘肥马，衣轻裘。吾闻之也：君子周急不继富。”

章解：帮助真正有需要的人。

6.5　原思为之宰，与之粟九百，辞。子曰：“毋！以与尔邻里乡党乎！”

章解：处理钱财的态度。从独善到兼善。

6.6　子谓仲弓，曰：“犁牛之子骍且角，虽欲勿用，山川其舍诸？”

章解：英雄不问出身。

6.7　子曰：“回也，其心三月不违仁，其余则日月至焉而已矣。”

章解：修身贵在坚持。表扬颜回的好学和良好的修养境界。

6.8　季康子问：“仲由可使从政也与？”子曰：“由也果，于从政乎何有？”曰：“赐也可使从政也与？”曰：“赐也达，于从政乎何有？”曰：“求也可使从政也与？”曰：“求也艺，于从政乎何有？”

章解：因材施教，因材适用。果断、通达、才艺，都可从政。

6.9　季氏使闵子骞为费宰。闵子骞曰：“善为我辞焉！如有复我者，则吾必在汶上矣。”

章解：处世应刚柔相济。

6.11　子曰：“贤哉，回也！一箪食，一瓢饮，在陋巷，人不堪其忧，回也不改其乐。贤哉，回也！”

章解：安贫乐道。

6.12　冉求曰：“非不说子之道，力不足也。”子曰：“力不足者，中道而废。今女画。”

章解：画地为牢。

6.13　子谓子夏曰：“女为君子儒！无为小人儒！”

章解：将聪明才智用在最需要的地方。

6.14　子游为武城宰。子曰：“女得人焉尔乎？”曰：“有澹台灭明者，行不由径，非公事，未尝至于偃之室也。”

章解：推举贤才。澹台正直诚实、公私分明。

6.15　子曰：“孟之反不伐，奔而殿，将入门，策其马，曰：‘非敢后也，马不进也。’”

章解：居功不自夸。

6.18　子曰："质胜文则野，文胜质则史。文质彬彬，然后君子。"

章解：君子的人格模式。文与质的合理互补关系。

6.19　子曰："人之生也直，罔之生也幸而免。"

章解：要做正直的人。

6.20　子曰："知之者不如好之者，好之者不如乐之者。"

章解：以学为乐。

6.21　子曰："中人以上，可以语上也；中人以下，不可以语上也。"

章解：因材施教。

6.22　樊迟问知。子曰："务民之义，敬鬼神而远之，可谓知矣。"问仁。曰："仁者先难而后获，可谓仁矣。"

章解：关注现实问题。以实事求是的态度否定鬼神的作用。

6.23　子曰："知者乐水，仁者乐山。知者动，仁者静。知者乐，仁者寿。"

章解：智者柔和灵动，随机应变；仁者宽容仁厚，安详沉静。

6.24　子曰："齐一变，至于鲁；鲁一变，至于道。"

章解：道，治国安邦的最高准则。

6.25　子曰："觚不觚，觚哉！觚哉！"

章解：慨叹事物名不符实，主张"正名"。

6.26　宰我问曰："仁者，虽告之曰：'井有仁焉。'其从之也？"子曰："何为其然也？君子可逝也，不可陷也；可欺也，不可罔也。"

章解：对宰我的批评。陷害、愚弄君子的人是不道德的。

6.27　子曰："君子博学于文，约之以礼，亦可以弗畔矣夫！"

章解：教育的目的。让统治者的政权长治久安。

6.29　子曰："中庸之为德也，其至矣乎！民鲜久矣。"

章解：中庸之道。孔子的哲学观点。

6.30　子贡曰："如有博施于民而能济众，何如？可谓仁乎？"子曰："何事于仁！必也圣乎？尧舜其犹病诸！夫仁者，己欲立而立人，己欲达而达人。能近取譬，可谓仁之方也已。"

章解："仁"的内涵与方法。博施济众是圣德。

述而篇第七

7.1 子曰："述而不作，信而好古，窃比于我老彭。"

章解：重视传统文化和历史经验。

7.2 子曰："默而识之，学而不厌，诲人不倦，何有于我哉？"

章解：自谦之词。严谨的态度，学习的乐趣，诲人的热情。

7.3 子曰："德之不修，学之不讲，闻义不能徙，不善不能改，是吾忧也。"

章解：孔子四忧。道德不修，学问不讲，知善不从，有过不改。

7.4 子之燕居，申申如也，夭夭如也。

章解：恬淡平和的心境，以及高深的修养。

7.6 子曰："志于道，据于德，依于仁，游于艺。"

章解：教学总纲。以道为志向，以德为立脚点，以仁为根本，以六艺为涵养之境。

7.7 子曰："自行束脩以上，吾未尝无诲焉。"

章解：重礼。看重见面礼节背后真诚的求学态度。

7.8 子曰："不愤不启，不悱不发。举一隅不以三隅反，则不复也。"

章解：启发式教学。活学活用。

7.9 子食于有丧者之侧，未尝饱也。

章解：人应有恻隐之心。

7.11 子谓颜渊曰："用之则行，舍之则藏，惟我与尔有是夫！"子路曰："子行三军，则谁与？"子曰："暴虎冯河，死而无悔者，吾不与也。必也临事而惧，好谋而成者也。"

章解：进退有度，有勇有谋。

7.12 子曰："富而可求也，虽执鞭之士，吾亦为之。如不可求，从吾所好。"

章解：只要合乎道，富贵就可以去追求。

7.14 子在齐闻《韶》，三月不知肉味。曰："不图为乐之至于斯也。"

章解：极高的音乐鉴赏能力。对音乐教化的重视。

7.16 子曰："饭疏食饮水，曲肱而枕之，乐亦在其中矣。不义而富且贵，于我如浮云。”

章解：安于贫困，取之有道。

7.17　子曰：“加我数年，五十以学《易》，可以无大过矣。”

章解：利用时间，不断学习，增加生命质量。

7.18　子所雅言，《诗》、《书》、执礼，皆雅言也。

章解：雅言。言辞文雅的语言，官场通行的语言。

7.19　叶公问孔子于子路，子路不对。子曰：“女奚不曰：其为人也，发愤忘食，乐以忘忧，不知老之将至云尔。”

章解：不断充实自己。勤奋，好学，乐学。

7.20　子曰：“我非生而知之者，好古，敏以求之者也。”

章解：没有天生就知道的人。勤奋。

7.21　子不语：怪、力、乱、神。

章解：君子当正道在心。

7.22　子曰：“三人行，必有我师焉；择其善者而从之，其不善者而改之。”

章解：谦虚好学。虚心求教，取长补短。

7.23　子曰：“天生德于予，桓魋其如予何？”

章解：仁者无畏。

7.24　子曰：“二三子以我为隐乎？吾无隐乎尔。吾无行而不与二三子者，是丘也。”

章解：身教重于言教。

7.25　子以四教：文、行、忠、信。

章解：教育的内容。

7.27　子钓而不纲，弋不射宿。

章解：对万物心怀仁德。

7.28　子曰：“盖有不知而作之者，我无是也。多闻，择其善者而从之；多见，而识之。知之次也。”

章解：学习要多听，多看。

7.29　互乡难与言，童子见，门人惑。子曰：“与其进也，不与其退也，唯何甚？人洁己以进，与其洁也，不保其往也。”

章解：与人为善的处事态度和宽容精神。

7.30　子曰："仁远乎哉？我欲仁，斯仁至矣。"

章解：修养靠的是自觉。为仁由己。

7.31　陈司败问："昭公知礼乎？"孔子曰："知礼。"孔子退，揖巫马期而进之，曰："吾闻君子不党，君子亦党乎？君取于吴，为同姓，谓之吴孟子。君而知礼，孰不知礼？"巫马期以告。子曰："丘也幸，苟有过，人必知之。"

章解：磊落坦荡的君子之风。

7.32　子与人歌而善，必使反之，而后和之。

章解：平易近人。

7.33　子曰："文，莫吾犹人也。躬行君子，则吾未之有得。"

章解：贵在躬行。

7.34　子曰："若圣与仁，则吾岂敢？抑为之不厌，诲人不倦，则可谓云尔已矣。"公西华曰："正唯弟子不能学也。"

章解：学而不厌，诲人不倦。

7.35　子疾病，子路请祷。子曰："有诸？"子路对曰："有之。《诔》曰：'祷尔于上下神祇。'"子曰："丘之祷久矣。"

章解：以为国为民行善为祷。

7.36　子曰："奢则不孙，俭则固。与其不孙也，宁固。"

章解：宁俭勿奢，仁为礼本。

7.37　子曰："君子坦荡荡，小人长戚戚。"

章解：从胸怀的角度来区别君子与小人。

7.38　子温而厉，威而不猛，恭而安。

章解：君子的风度。

泰伯篇第八

8.1　子曰："泰伯，其可谓至德也已矣。三以天下让，民无得而称焉。"

章解：至德无形，让位于贤。

8.2　子曰："恭而无礼则劳，慎而无礼则葸，勇而无礼则乱，直而无礼则绞。君子笃于亲，则民兴于仁；故旧不遗，则民不偷。”

章解：无礼则过，无礼则失。

8.3　曾子有疾，召门弟子曰：“启予足！启予手！《诗》云：‘战战兢兢，如临深渊，如履薄冰。’而今而后，吾知免夫！小子！”

章解：危机意识。谨慎处世。

8.4　曾子有疾，孟敬子问之。曾子言曰：“鸟之将死，其鸣也哀；人之将死，其言也善。君子所贵乎道者三：动容貌，斯远暴慢矣；正颜色，斯近信矣；出辞气，斯远鄙倍矣。笾豆之事，则有司存。”

章解：执政要修身。严肃容貌，端正脸色，注意辞气。

8.5　曾子曰：“以能问于不能，以多问于寡；有若无，实若虚，犯而不校。昔者吾友尝从事于斯矣。”

章解：好问。虚怀若谷。

8.6　曾子曰：“可以托六尺之孤，可以寄百里之命，临大节而不可夺也。君子人与？君子人也。”

章解：君子的操守。

8.7　曾子曰：“士不可以不弘毅，任重而道远。仁以为己任，不亦重乎？死而后已，不亦远乎？”

章解：使命，任重而道远。

8.8　子曰：“兴于《诗》，立于礼，成于乐。”

章解：诗教。礼始于诗。

8.11　子曰：“如有周公之才之美，使骄且吝，其余不足观也已。”

章解：戒除骄傲与吝啬。

8.12　子曰：“三年学，不至于谷，不易得也。”

章解：重视以学本身为乐。

8.13　子曰：“笃信好学，守死善道。危邦不入，乱邦不居。天下有道则见，无道则隐。邦有道，贫且贱焉，耻也；邦无道，富且贵焉，耻也。”

章解：君子的进退之道。

8.14　子曰：“不在其位，不谋其政。”

章解：安分守己。

8.17　子曰：“学如不及，犹恐失之。”

章解：谦虚好学，勤奋进取。

8.18 子曰："巍巍乎，舜、禹之有天下也，而不与焉！"

章解：对舜禹的称颂。

8.19 子曰："大哉尧之为君也！巍巍乎！唯天为大，唯尧则之。荡荡乎！民无能名焉。巍巍乎其有成功也！焕乎其有文章！"

章解：对尧的称颂。德行深厚广博，功绩崇高，礼仪制度完善而美好。

8.20 舜有臣五人而天下治。武王曰："予有乱臣十人。"孔子曰："才难，不其然乎？唐、虞之际，于斯为盛。有妇人焉，九人而已。三分天下有其二，以服事殷。周之德，其可谓至德也已矣。"

章解：治国安邦关键在人才。用人在贤，得人在德。称颂周文王至德。

子罕篇第九

9.1 子罕言利与命与仁。

章解：少讲利，多讲仁。

9.2 达巷党人曰："大哉孔子！博学而无所成名。"子闻之，谓门弟子曰："吾何执？执御乎？执射乎？吾执御矣。"

章解：做人要谦虚。

9.5 子畏于匡，曰："文王既没，文不在兹乎？天之将丧斯文也，后死者不得与于斯文也；天之未丧斯文也，匡人其如予何？"

章解：使命感。

9.6 太宰问于子贡曰："夫子圣者与？何其多能也？"子贡曰："固天纵之将圣，又多能也。"子闻之，曰："太宰知我乎！吾少也贱，故多能鄙事。君子多乎哉？不多也。"

章解：注重实践，掌握多种技艺。

9.8 子曰："吾有知乎哉？无知也。有鄙夫问于我，空空如也。我叩其两端而竭焉。"

章解：中庸思想。执两用中。

9.9 子曰："凤鸟不至，河不出图，吾已矣夫！"

章解：隐语。天下无清明之望。

9.11　颜渊喟然叹曰："仰之弥高，钻之弥坚。瞻之在前，忽焉在后。夫子循循然善诱人，博我以文，约我以礼，欲罢不能。既竭吾才，如有所立卓尔。虽欲从之，末由也已。"

章解：对孔子的称颂。颜渊崇敬老师，谦虚好学，以礼约束，追求卓越。

9.12　子疾病，子路使门人为臣。病间。曰："久矣哉，由之行诈也！无臣而为有臣。吾谁欺？欺天乎？且予与其死于臣之手也，无宁死于二三子之手乎？且予纵不得大葬，予死于道路乎？"

章解：任情不可逾礼。

9.13　子贡曰："有美玉于斯，韫椟而藏诸？求善贾而沽诸？"子曰："沽之哉！沽之哉！我待贾者也。"

章解：君子当积极入世。

9.14　子欲居九夷。或曰："陋，如之何？"子曰："君子居之，何陋之有？"

章解：君子可以改善环境的固陋。

9.15　子曰："吾自卫反鲁，然后乐正，《雅》《颂》各得其所。"

章解：各得其所。

9.16　子曰："出则事公卿，入则事父兄，丧事不敢不勉，不为酒困，何有于我哉？"

章解：修德重在自律。

9.17　子在川上，曰："逝者如斯夫！不舍昼夜。"

章解：时光飞逝，时不我待。

9.18　子曰："吾未见好德如好色者也。"

章解：好德之难，难在自觉和有恒。

9.19　子曰："譬如为山，未成一篑，止，吾止也。譬如平地，虽覆一篑，进，吾往也。"

章解：贵在坚持与进取。

9.20　子曰："语之而不惰者，其回也与！"

章解：称赞颜回。持之以恒。

9.22　子曰："苗而不秀者有矣夫！秀而不实者有矣夫！"

章解：要有始有终。

9.23 子曰：“后生可畏，焉知来者之不如今也？四十、五十而无闻焉，斯亦不足畏也已。”

章解：后生可畏，前途不可限量。

9.24 子曰：“法语之言，能无从乎？改之为贵。巽与之言，能无说乎？绎之为贵。说而不绎，从而不改，吾末如之何也已矣。”

章解：对待正言规劝要听得进去，并照着去改正错误。

9.26 子曰：“三军可夺帅也，匹夫不可夺志也。”

章解：人要有高贵的志节。

9.28 子曰：“岁寒，然后知松柏之后凋也。”

章解：坚贞不移。

9.29 子曰：“知者不惑，仁者不忧，勇者不惧。”

章解：三达德。君子的基本品质。

9.30 子曰：“可与共学，未可与适道；可与适道，未可与立；可与立，未可与权。”

章解：人生道路上，能相随相伴者越来越少。同学—同道—同志—同权。

9.31 “唐棣之华，偏其反而。岂不尔思？室是远而。”子曰：“未之思也，夫何远之有？”

章解：“我欲仁，斯仁至矣”之意。寄寓对“仁”执着追求的信念。

乡党篇第十

10.8 食不厌精，脍不厌细。……

章解：孔子实现养生的饮食原则。不挑食。

10.10 食不语，寝不言。

章解：养生之道。正确的保健原则。

10.11 虽疏食菜羹，瓜祭，必齐如也。

章解：祭祀中严肃认真的态度。

10.12 席不正，不坐。

章解：注重礼仪细节。修养。

10.13 乡人饮酒，杖者出，斯出矣。

章解：尊老敬老。

10.14　乡人傩，朝服而立于阼阶。

章解：尊重。修养。

10.15　问人于他邦，再拜而送之。

章解：与外邦人士交往注重礼节。

10.16　康子馈药，拜而受之。曰："丘未达，不敢尝。"

章解：礼仪的变通。

10.17　厩焚。子退朝，曰："伤人乎？"不问马。

章解：以人为本。

10.20　君命召，不俟驾行矣。

章解：重礼。忠君思想。

10.22　朋友死，无所归，曰："于我殡。"

章解：重礼。对亡友的情谊和见义勇为。

10.23　朋友之馈，虽车马，非祭肉，不拜。

章解：重礼。交友之道。把握分寸。

10.27　色斯举矣，翔而后集。曰："山梁雌雉，时哉时哉！"子路共之，三嗅而作。

章解：孔子的感触。山鸡能自由飞翔下落，而自己却不得其时。

先进篇第十一

11.1　子曰："先进于礼乐，野人也；后进于礼乐，君子也。如用之，则吾从先进。"

章解：孔子的用人标准。任人唯贤。

11.3　德行：颜渊、闵子骞、冉伯牛、仲弓。言语：宰我、子贡。政事：冉有、季路。文学：子游、子夏。

章解："四科十哲"。各有所长。

11.4　子曰："回也非助我者也，于吾言无所不说。"

章解：评价颜回。有遗憾，亦有赞许。

11.7　季康子问："弟子孰为好学？"孔子对曰："有颜回者好学，不幸短命死矣！今也则亡。”

章解：评价颜回。好学。

11.11　颜渊死，门人欲厚葬之。子曰：“不可。”门人厚葬之。子曰：“回也视予犹父也，予不得视犹子也。非我也，夫二三子也。”

章解：主张以礼办事。

11.12　季路问事鬼神。子曰：“未能事人，焉能事鬼？”曰：“敢问死。”曰：“未知生，焉知死？”

章解：关注现实。

11.13　闵子侍侧，訚訚如也；子路，行行如也；冉有、子贡，侃侃如也。子乐。“若由也，不得其死然。”

章解：弟子的不同情态。孔子对子路的评价。

11.14　鲁人为长府。闵子骞曰：“仍旧贯，如之何？何必改作？”子曰：“夫人不言，言必有中。”

章解：评价闵子骞。崇尚节俭，爱惜民力。

11.15　子曰：“由之瑟奚为于丘之门？”门人不敬子路。子曰：“由也升堂矣，未入于室也。”

章解：评价子路。登堂入室。

11.16　子贡问：“师与商也孰贤？”子曰：“师也过，商也不及。”曰：“然则师愈与？”子曰：“过犹不及。”

章解：中庸之道。过犹不及。

11.19　子曰：“回也其庶乎？屡空。赐不受命，而货殖焉，亿则屡中。”

章解：不反对经商致富，更注重人的仁德修养。

11.20　子张问善人之道。子曰：“不践迹，亦不入于室。”

章解：贤者为师。

11.21　子曰：“论笃是与，君子者乎？色庄者乎？”

章解：看透人的本质，不能仅凭外在表现评价。

11.22　子路问：“闻斯行诸？”子曰：“有父兄在，如之何其闻斯行之？”冉有问：“闻斯行诸？”子曰：“闻斯行之。”公西华曰：“由也问‘闻斯行诸’，子曰：‘有父兄在’，求也问‘闻斯行诸’，子曰：‘闻斯行之’。赤也惑，敢问。”子曰：“求也退，故进之；由也兼人，故退之。”

章解：因材施教。

11.23　子畏于匡，颜渊后。子曰："吾以女为死矣。"曰："子在，回何敢死？"

章解：患难见真情。

11.24　季子然问："仲由、冉求可谓大臣与？"子曰："吾以子为异之问，曾由与求之问。所谓大臣者，以道事君，不可则止。今由与求也，可谓具臣矣。"曰："然则从之者与？"子曰："弑父与君，亦不从也。"

章解：君臣关系要以道与礼为行动准则。

11.25　子路使子羔为费宰。子曰："贼夫人之子。"子路曰："有民人焉，有社稷焉，何必读书，然后为学？"子曰："是故恶夫佞者。"

章解：孔子主张学而优则仕。

11.26　子路、曾皙、冉有、公西华侍坐。……子曰："何伤乎？亦各言其志也。"曰："莫春者，春服既成，冠者五六人，童子六七人，浴乎沂，风乎舞雩，咏而归。"夫子喟然叹曰："吾与点也！"……

章解：问"志"，言"志"，评"志"。子路：强兵。冉有：富民。公西华：礼治。曾皙：以礼治国的社会理想。

颜渊篇第十二

12.1　颜渊问仁。子曰："克己复礼为仁。一日克己复礼，天下归仁焉。为仁由己，而由人乎哉？"颜渊曰："请问其目。"子曰："非礼勿视，非礼勿听，非礼勿言，非礼勿动。"颜渊曰："回虽不敏，请事斯语矣。"

章解：克己复礼，自我约束。

12.2　仲弓问仁。子曰："出门如见大宾，使民如承大祭。己所不欲，勿施于人。在邦无怨，在家无怨。"仲弓曰："雍虽不敏，请事斯语矣。"

章解：做人要懂得敬重。勤学好问，追求自我完善。

12.3　司马牛问仁。子曰："仁者，其言也讱。"曰："其言也讱，斯谓之仁已乎？"子曰："为之难，言之得无讱乎？"

章解：因材施教。谨言慎行。

12.4　司马牛问君子。子曰："君子不忧不惧。"曰："不忧不惧，斯谓之君子已乎？”子曰：“内省不疚，夫何忧何惧？”

章解：加强修养，向内省察自己。

12.5　司马牛忧曰：“人皆有兄弟，我独亡。”子夏曰：“商闻之矣：死生有命，富贵在天。君子敬而无失，与人恭而有礼，四海之内皆兄弟也。君子何患乎无兄弟也？”

章解：宿命论，亦有对自然规律的承认。德高，不乏亲善者。

12.6　子张问明。子曰：“浸润之谮，肤受之愬，不行焉，可谓明也已矣。浸润之谮，肤受之愬，不行焉，可谓远也已矣。”

章解：谈明智。防微杜渐。

12.7　子贡问政。子曰：“足食，足兵，民信之矣。”子贡曰：“必不得已而去，于斯三者何先？”曰：“去兵。”子贡曰：“必不得已而去，于斯二者何先？”曰：“去食。自古皆有死，民无信不立。”

章解：取得百姓的信任，是治理好国家的根本条件。

12.8　棘子成曰：“君子质而已矣，何以文为？”子贡曰：“惜乎，夫子之说君子也！驷不及舌。文犹质也，质犹文也。虎豹之鞟犹犬羊之鞟。”

章解：质文同等重要。

12.9　哀公问于有若曰：“年饥，用不足，如之何？”有若对曰：“盍彻乎？”曰：“二，吾犹不足，如之何其彻也？”对曰：“百姓足，君孰与不足？百姓不足，君孰与足？”

章解：贵民思想。关心民众疾苦。

12.10　子张问崇德辨惑。子曰：“主忠信，徙义，崇德也。爱之欲其生，恶之欲其死。既欲其生，又欲其死，是惑也。‘诚不以富，亦至以异’。”

章解：德主忠信，不感情用事。

12.11　齐景公问政于孔子。孔子对曰：“君君，臣臣，父父，子子。”公曰：“善哉！信如君不君，臣不臣，父不父，子不子，虽有粟，吾得而食诸？”

章解：正名。孔子理想的社会礼法制度，即摆正人与人之间的名分关系。

12.13　子曰：“听讼，吾犹人也。必也使无讼乎？”

章解：以教化促进和谐。

12.14　子张问政。子曰：“居之无倦，行之以忠。”

章解：从政为官要忠诚和勤谨。

12.16　子曰："君子成人之美，不成人之恶。小人反是。"

章解：从成人之美的角度来区别君子与小人。

12.17　季康子问政于孔子。孔子对曰："政者，正也。子帅以正，孰敢不正？"

章解：为政者要起模范带头作用。

12.18　季康子患盗，问于孔子。孔子对曰："苟子之不欲，虽赏之不窃。"

章解：上位者要廉洁自律。

12.9　季康子问政于孔子曰："如杀无道，以就有道，何如？"孔子对曰："子为政，焉用杀？子欲善而民善矣。君子之德风，小人之德草。草上之风必偃。"

章解：以道德感化人，以德政使民心归附。

12.20　子张问："士何如斯可谓之达矣？"子曰："何哉，尔所谓达者？"子张对曰："在邦必闻，在家必闻。"子曰："是闻也，非达也。夫达也者，质直而好义，察言而观色，虑以下人。在邦必达，在家必达。夫闻也者，色取仁而行违，居之不疑。在邦必闻，在家必闻。"

章解：谈"闻"与"达"。不可沽名钓誉。

12.21　樊迟从游于舞雩之下，曰："敢问崇德，修慝，辨惑。"子曰："善哉问！先事后得，非崇德与？攻其恶，无攻人之恶，非修慝与？一朝之忿，忘其身，以及其亲，非惑与？"

章解：个人修养的三个方面。充实改进自己的修养，不糊涂有智慧，看得清楚。

12.22　樊迟问仁。子曰："爱人。"问知，子曰："知人。"樊迟未达，子曰："举直错诸枉，能使枉者直。"樊迟退，见子夏曰："乡也吾见于夫子而问知，子曰：'举直错诸枉，能使枉者直'，何谓也？"子夏曰："富哉言乎！舜有天下，选于众，举皋陶，不仁者远矣。汤有天下，选于众，举伊尹，不仁者远矣。"

章解：为政要亲贤远佞。

12.23　子贡问友。子曰："忠告而善道之，不可则止，毋自辱焉。"

章解：交友之道。把握分寸。

12.24　曾子曰："君子以文会友，以友辅仁。"

章解：交友之道。增进学习，促成仁德。

子路篇第十三

13.1　子路问政。子曰："先之劳之。"请益。曰："无倦。"

章解：从政三原则。率先垂范，辛勤劳作，不知疲倦。

13.2　仲弓为季氏宰，问政。子曰："先有司，赦小过，举贤才。"曰："焉知贤才而举之？"子曰："举尔所知；尔所不知，人其舍诸？"

章解：为政在人。要做出表率，不计小过，善举贤才。

13.3　子路曰："卫君待子而为政，子将奚先？"子曰："必也正名乎？"子路曰："有是哉，子之迂也！奚其正？"子曰："野哉，由也！君子于其所不知，盖阙如也。名不正，则言不顺；言不顺，则事不成；事不成，则礼乐不兴；礼乐不兴，则刑罚不中；刑罚不中，则民无所措手足。故君子名之必可言也，言之必可行也。君子于其言，无所苟而已矣。"

章解：谈"正名"。名正言顺。

13.4　樊迟请学稼。子曰："吾不如老农。"请学为圃。曰："吾不如老圃。"樊迟出，子曰："小人哉，樊须也！上好礼，则民莫敢不敬；上好义，则民莫敢不服；上好信，则民莫敢不用情。夫如是，则四方之民襁负其子而至矣，焉用稼？"

章解：居官为政，要重视礼、义、信。

13.5　子曰："诵《诗》三百，授之以政，不达；使于四方，不能专对；虽多，亦奚以为？"

章解：学以致用，方为真才。

13.6　子曰："其身正，不令而行；其身不正，虽令不从。"

章解：为政者要身正令行，以身作则。

13.8　子谓卫公子荆："善居室。始有，曰：'苟合矣。'少有，曰：'苟完矣。'富有，曰：'苟美矣。'"

章解：崇尚俭朴。

13.9　子适卫，冉有仆。子曰："庶矣哉！"冉有曰："既庶矣，又何加焉？"曰："富之。"曰："既富矣，又何加焉？"曰："教之。"

章解：富而后教。

13.13　子曰："苟正其身矣，于从政乎何有？不能正其身，如正人何？"

章解：正人先正己。

13.16　叶公问政。子曰："近者说，远者来。"

章解：为政之道，在得民心。

13.17　子夏为莒父宰，问政。子曰："无欲速，无见小利。欲速，则不达；见小利，则大事不成。"

章解：要有长远的眼光。

13.18　叶公语孔子曰："吾党有直躬者，其父攘羊，而子证之。"孔子曰："吾党之直者异于是：父为子隐，子为父隐。——直在其中矣。"

章解：伦理道德高于法则。刑罚要合理，还要合情。父子相证，有害于人情。

13.19　樊迟问仁。子曰："居处恭，执事敬，与人忠。虽之夷狄，不可弃也。"

章解：为人之道。恭，敬，忠。

13.20　子贡问曰："何如斯可谓之士矣？"子曰："行己有耻，使于四方，不辱君命，可谓士矣。"曰："敢问其次。"曰："宗族称孝焉，乡党称弟焉。"曰："敢问其次。"曰："言必信，行必果，硁硁然小人哉！抑亦可以为次矣。"曰："今之从政者何如？"子曰："噫！斗筲之人，何足算也？"

章解：谈"士"。国家级的士，宗族级的士，朋友级的士。

13.21　子曰："不得中行而与之，必也狂狷乎？狂者进取，狷者有所不为也。"

章解："中行"之士不可求，只好退而求其次。

13.22　子曰："南人有言曰：'人而无恒，不可以作巫医。'善夫！""不恒其德，或承之羞。"子曰："不占而已矣。"

章解：恒心乃成功之本。

13.23　子曰："君子和而不同，小人同而不和。"

章解：从和而不同的角度来区别君子与小人。

13.24　子贡问曰："乡人皆好之，何如？"子曰："未可也。""乡人皆恶之，何如？"子曰："未可也。不如乡人之善者好之，其不善者恶之。"

章解：从评价者品行的角度察人。要学会正确地对待公论。

13.25　子曰："君子易事而难说也。说之不以道，不说也；及其使人也，器之。小人难事而易说也。说之虽不以道，说也；及其使人也，求备焉。"

章解：君子与小人在为人处世上的不同风貌。

13.26　子曰："君子泰而不骄，小人骄而不泰。"

章解：从内在修养与外在风格的角度来区别君子与小人。

13.27　子曰："刚、毅、木、讷近仁。"

章解：近"仁"的四种美好品质。

13.28　子路问曰："何如斯可谓之士矣？"子曰："切切偲偲，怡怡如也，可谓士矣。朋友切切偲偲，兄弟怡怡。"

章解：要处理好与朋友之间、兄弟之间的关系。

宪问篇第十四

14.1　宪问耻。子曰："邦有道，谷；邦无道，谷，耻也。""克、伐、怨、欲不行焉，可以为仁矣？"子曰："可以为难矣，仁则吾不知也。"

章解：为官的耻与仁。

14.2　子曰："士而怀居，不足以为士矣。"

章解："士"应安贫乐道，不应贪图安逸。

14.3　子曰："邦有道，危言危行；邦无道，危行言孙。"

章解：为人处世之道。谨言慎行。要有分寸。

14.4　子曰："有德者必有言，有言者不必有德。仁者必有勇，勇者不必有仁。"

章解：谈言论与道德，以及勇敢与仁德之间的关系。

14.5　南宫适问于孔子曰："羿善射，奡荡舟，俱不得其死然。禹、稷躬稼而有天下。"夫子不答。南宫适出，子曰："君子哉若人！尚德哉若人！"

章解：德行高于武力。

14.7　子曰："爱之，能勿劳乎？忠焉，能勿诲乎？"

章解：做人要有“忠爱之心”。对下爱，对上忠。

14.8　子曰：“为命，裨谌草创之，世叔讨论之，行人子羽修饰之，东里子产润色之。”

章解：用人要博采众长。

14.9　或问子产，子曰：“惠人也。”问子西，曰：“彼哉！彼哉！”问管仲，曰：“人也。夺伯氏骈邑三百，饭疏食，没齿无怨言。”

章解：重要的是做人。

14.11　子曰：“孟公绰为赵、魏老则优，不可以为滕、薛大夫。”

章解：人尽其才。用人要用其所长，避人所短。

14.13　子问公叔文子于公明贾曰：“信乎，夫子不言，不笑，不取乎？”公明贾对曰：“以告者过也，夫子时然后言，人不厌其言；乐然后笑，人不厌其笑；义然后取，人不厌其取。”子曰：“其然？岂其然乎？”

章解：恰到好处。应对有方，举止有仪，取舍有度。

14.15　子曰：“晋文公谲而不正，齐桓公正而不谲。”

章解：正道比诡诈更长久。

14.16　子路曰：“桓公杀公子纠，召忽死之，管仲不死。”曰：“未仁乎？”子曰：“桓公九合诸侯，不以兵车，管仲之力也。如其仁，如其仁。”

章解：不战而胜。管仲是大谋士，真仁人。

14.17　子贡曰：“管仲非仁者与？桓公杀公子纠，不能死，又相之。”子曰：“管仲相桓公，霸诸侯，一匡天下，民到于今受其赐。微管仲，吾其被发左衽矣。岂若匹夫匹妇之为谅也，自经于沟渎而莫之知也？”

章解：从社会贡献的角度察人。重大节而轻小节。让生命更有价值。

14.18　公叔文子之臣大夫僎与文子同升诸公。子闻之曰：“可以为‘文’矣。”

章解：称赞公叔文子举贤的美德。

14.20　子曰：“其言之不怍，则为之也难。”

章解：不能夸夸其谈，要言行一致。

14.22　子路问事君。子曰：“勿欺也，而犯之。”

章解：对君主要忠诚，做人要正直。

14.23　子曰：“君子上达，小人下达。”

章解：人生应该积极向上。

14.24　子曰："古之学者为己，今之学者为人。"

章解：古今学者学习目的之不同。

14.25　蘧伯玉使人于孔子。孔子与之坐而问焉，曰："夫子何为？"对曰："夫子欲寡其过而未能也。"使者出。子曰："使乎！使乎！"

章解：蘧伯玉，改过择善，正心诚意。使者，不卑不亢，反应敏捷，忠诚正直，谦虚有礼。

14.26　……曾子曰："君子思不出其位。"

章解：认真履职，不缺位，不越位。

14.27　子曰："君子耻其言之过其行。"

章解：要言行一致，君子以言过其实为可耻。

14.28　子曰："君子道者三，我无能焉：仁者不忧，知者不惑，勇者不惧。"子贡曰："夫子自道也。"

章解：君子之道。三达德：仁、智、勇。

14.29　子贡方人。子曰："赐也贤乎哉？夫我则不暇。"

章解：常思己过，莫论人非。

14.30　子曰："不患人之不己知，患其不能也。"

章解：加强自身修养，要有真才实学。

14.31　子曰："不逆诈，不亿不信，抑亦先觉者，是贤乎！"

章解：贤人不去凭空怀疑和臆测，又有自知之明。

14.32　微生亩谓孔子曰："丘何为是栖栖者与？无乃为佞乎？"孔子曰："非敢为佞也，疾固也。"

章解：走自己的路，执着理想，坚守信念。

14.33　子曰："骥不称其力，称其德也。"

章解：人品高于能力。

14.34　或曰："以德报怨，何如？"子曰："何以报德？以直报怨，以德报德。"

章解：如何对待他人。

14.35　子曰："莫我知也夫！"子贡曰："何为其莫知子也？"子曰："不怨天，不尤人；下学而上达。知我者其天乎！"

章解：怀才不遇而抑郁感慨。

14.38 子路宿于石门。晨门曰："奚自？"子路曰："自孔氏。"曰："是知其不可而为之者与？"

章解：知其不可而为之。

14.39 子击磬于卫，有荷蒉而过孔氏之门者，曰："有心哉，击磬乎！"既而曰："鄙哉！硁硁乎！莫己知也，斯己而已矣，深则厉，浅则揭。"子曰："果哉！末之难矣。"

章解：知难而进。

14.42 子路问君子。子曰："修己以敬。"曰："如斯而已乎？"曰："修己以安人。"曰："如斯而已乎？"曰："修己以安百姓。修己以安百姓，尧舜其犹病诸？"

章解：君子要注重修身。修己安民，博施济众。

卫灵公篇第十五

15.1 卫灵公问陈于孔子。孔子对曰："俎豆之事，则尝闻之矣；军旅之事，未之学也。"明日遂行。

章解：以礼治国，反对战争。

15.2 在陈绝粮，从者病，莫能兴。子路愠见曰："君子亦有穷乎？"子曰："君子固穷，小人穷斯滥矣。"

章解：面对困窘的境遇，重要的是坚持理想和操守。

15.3 子曰："赐也，女以予为多学而识之者与？"对曰："然。非与？"曰："非也，予一以贯之。"

章解：学习的原则与方法。

15.4 子曰："由！知德者鲜矣。"

章解：修身要从"德"做起。

15.5 子曰："无为而治者其舜也与？夫何为哉？恭己正南面而已矣。"

章解：无为而治。道家治国的理想境界。

15.6 子张问行。子曰："言忠信，行笃敬，虽蛮貊之邦，行矣。言不忠信，行不笃敬，虽州里，行乎哉？立则见其参于前也，在舆则见其倚于衡也，夫然后行。”子张书诸绅。

章解：忠信笃敬行天下。言行一致。

15.7　子曰：“直哉史鱼！邦有道，如矢；邦无道，如矢。君子哉蘧伯玉！邦有道，则仕；邦无道，则可卷而怀之。”

章解：称赞史鱼、蘧伯玉。史鱼，直。蘧伯玉，变通和通达。

15.8　子曰：“可与言而不与之言，失人；不可与言而与之言，失言。知者不失人，亦不失言。”

章解：言择其人。

15.9　子曰：“志士仁人，无求生以害仁，有杀身以成仁。”

章解：杀身成仁。要有献身理想的愿望和勇气。

15.10　子贡问为仁。子曰：“工欲善其事，必先利其器。居是邦也，事其大夫之贤者，友其士之仁者。”

章解：做事要做好充分的准备。君子要择贤主而事。

15.12　子曰：“人无远虑，必有近忧。”

章解：看问题应从长远着眼。人要有忧患意识。

15.13　子曰：“已矣乎！吾未见好德如好色者也。”

章解：要控制人性的弱点。

15.15　子曰：“躬自厚而薄责于人，则远怨矣。”

章解：严于律己，宽以待人。

15.16　子曰：“不曰‘如之何，如之何’者，吾末如之何也已矣。”

章解：要认真对待事情，要三思而后行。

15.17　子曰：“群居终日，言不及义，好行小慧，难矣哉！”

章解：不要耍小聪明。

15.18　子曰：“君子义以为质，礼以行之，孙以出之，信以成之。君子哉！”

章解：君子的四条行为准则。义，礼，逊，信。

15.19　子曰：“君子病无能焉，不病人之不己知也。”

章解：自强的重要性，关注自己的能力。

15.20　子曰：“君子疾没世而名不称焉。”

章解：君子的追求。传名于后世。

15.21　子曰：“君子求诸己，小人求诸人。”

章解：从严格要求对象的角度来区别君子与小人。

15.22　子曰：“君子矜而不争，群而不党。”

章解：与人相处要庄重谦和，要合群。

15.23　子曰：“君子不以言举人，不以人废言。”

章解：推举人要重实绩。

15.24　子贡问曰：“有一言而可以终身行之者乎？”子曰：“其‘恕’乎！己所不欲，勿施于人。”

章解：一言终身。“恕”。

15.25　子曰：“吾之于人也，谁毁谁誉？如有所誉者，其有所试矣。斯民也，三代之所以直道而行也。”

章解：对人要实事求是地评价功过是非。

15.26　子曰：“吾犹及史之阙文也。有马者借人乘之，今亡矣夫！”

章解：做学问要有存疑精神。

15.27　子曰：“巧言乱德。小不忍，则乱大谋。”

章解：小事忍让是为了实现大谋，办大事。

15.28　子曰：“众恶之，必察焉；众好之，必察焉。”

章解：察人必须独立思考。

15.29　子曰：“人能弘道，非道弘人。”

章解：人必须首先提高自身的修养，才可以把道发扬光大；而不是用道来装点门面，标榜自己。

15.30　子曰：“过而不改，是谓过矣。”

章解：要知错就改。

15.31　子曰：“吾尝终日不食，终夜不寝，以思，无益，不如学也。”

章解：学胜于思。

15.32　子曰：“君子谋道不谋食。耕也，馁在其中矣；学也，禄在其中矣。君子忧道不忧贫。”

章解：人生在世，追求仁道。

15.33　子曰：“知及之，仁不能守之，虽得之，必失之。知及之，仁能守之，不庄以莅之，则民不敬。知及之，仁能守之，庄以莅之，动之不以礼，未善也。”

章解：智取、仁守、庄临、礼约，是儒家治国理政的根本方略。

15.34　子曰：“君子不可小知而可大受也，小人不可大受而可小知也。”

章解：知人善任，人尽其才。

15.35　子曰：“民之于仁也，甚于水火。水火，吾见蹈而死者矣，未见蹈仁而死者也。”

章解：“仁”的重要性。

15.36　子曰：“当仁，不让于师。”

章解：在“仁”面前，众人平等。正确处理师生关系。

15.37　子曰：“君子贞而不谅。”

章解：谈诺言与原则的关系。

15.38　子曰：“事君，敬其事而后其食。”

章解：要诚敬地对待自己的工作。

15.39　子曰：“有教无类。”

章解：为平民接受教育开辟了一条道路。

15.40　子曰：“道不同，不相为谋。”

章解：人的志向不同，不能共同谋划事务。

15.41　子曰：“辞达而已矣。”

章解：言语能够达意即可。

季氏篇第十六

16.1……孔子曰：“求！君子疾夫舍曰‘欲之’而必为之辞。丘也闻有国有家者，不患寡而患不均，不患贫而患不安。盖均无贫，和无寡，安无倾。夫如是，故远人不服，则修文德以来之。既来之，则安之。今由与求也，相夫子，远人不服而不能来也，邦分崩离析而不能守也，而谋动干戈于邦内。吾恐季孙之忧，不在颛臾，而在萧墙之内也。”

章解：治国三要。均无贫，和无寡，安无倾。

16.4　孔子曰：“益者三友，损者三友。友直，友谅，友多闻，益矣。友便辟，友善柔，友便佞，损矣。”

章解：交友之道。要交益友，不交损友。

16.5　孔子曰："益者三乐，损者三乐。乐节礼乐，乐道人之善，乐多贤友，益矣。乐骄乐，乐佚游，乐宴乐，损矣。"

章解：兴趣对道德的影响。

16.6　孔子曰："侍于君子有三愆：言未及之而言，谓之躁；言及之而不言，谓之隐；未见颜色而言，谓之瞽。"

章解：适言问题。说话应择时择人，视情况而定。

16.7　孔子曰："君子有三戒：少之时，血气未定，戒之在色；及其壮也，血气方刚，戒之在斗；及其老也，血气既衰，戒之在得。"

章解：人生三戒。戒色，戒斗，戒得。

16.8　孔子曰："君子有三畏：畏天命，畏大人，畏圣人之言。小人不知天命而不畏也，狎大人，侮圣人之言。"

章解：人生三畏。有敬畏之心，才能成为言行高尚的君子。

16.9　孔子曰："生而知之者上也，学而知之者次也；困而学之，又其次也；困而不学，民斯为下矣。"

章解：求知的三个境界。

16.10　孔子曰："君子有九思：视思明，听思聪，色思温，貌思恭，言思忠，事思敬，疑思问，忿思难，见得思义。"

章解：君子九思。从九个方面来约束自己，即九戒。具体可分为获取信息，人际交往，为人处世，解决问题，价值观等几个方面。

16.11　孔子曰："见善如不及，见不善如探汤。吾见其人矣，吾闻其语矣。隐居以求其志，行义以达其道。吾闻其语矣，未见其人也。"

章解：行善修德重在自觉。

16.12　齐景公有马千驷，死之日，民无德而称焉。伯夷、叔齐饿于首阳之下，民到于今称之。其斯之谓与？

章解：对统治者的历史评价在于人民的口碑。

16.13　陈亢问于伯鱼曰："子亦有异闻乎？"对曰："未也。尝独立，鲤趋而过庭。曰：'学《诗》乎？'对曰：'未也。''不学《诗》，无以言。'鲤退而学《诗》。他日，又独立，鲤趋而过庭。曰：'学礼乎？'对曰：'未也。''不学礼，无以立。'鲤退而学礼。闻斯二者。"陈亢退而喜曰："问一得三：闻《诗》，闻礼，又闻君子之远其子也。”

章解：学《诗》、学礼很重要。立足社会，要学以致用。

16.14 邦君之妻，君称之曰“夫人”，夫人自称曰“小童”；邦人称之曰“君夫人”，称诸异邦曰“寡小君”；异邦人称之，亦曰“君夫人”。

章解：“正名”之意。称号意味着一种规范秩序的遵循。

阳货篇第十七

17.2 子曰：“性相近也，习相远也。”

章解：注重后天教育。

17.3 子曰：“唯上知与下愚不移。”

章解：多数人是可以改变的。因材施教。

17.4 子之武城，闻弦歌之声。夫子莞尔而笑，曰：“割鸡焉用牛刀？”子游对曰：“昔者偃也闻诸夫子曰：‘君子学道则爱人，小人学道则易使也。’”子曰：“二三子！偃之言是也。前言戏之耳。”

章解：礼乐教化民众的意义和作用。

17.6 子张问仁于孔子。孔子曰：“能行五者于天下，为仁矣。”“请问之。”曰：“恭、宽、信、敏、惠。恭则不侮，宽则得众，信则人任焉，敏则有功，惠则足以使人。”

章解：行“仁”五要。对己，要恭敬、诚信、勤敏；对人，要宽大、恩惠。

17.8 子曰：“由也！女闻六言六蔽矣乎？”对曰：“未也。”“居！吾语女。好仁不好学，其蔽也愚；好知不好学，其蔽也荡；好信不好学，其蔽也贼；好直不好学，其蔽也绞；好勇不好学，其蔽也乱；好刚不好学，其蔽也狂。”

章解：学习可以提升道德修养，如果不学习就会产生各种弊病。

17.9 子曰：“小子何莫学夫《诗》？《诗》，可以兴，可以观，可以群，可以怨。迩之事父，远之事君；多识于鸟兽草木之名。”

章解：学《诗》的意义、作用。

17.10 子谓伯鱼曰：“女为《周南》《召南》矣乎？人而不为《周南》《召南》，其犹正墙面而立也与？”

章解：培养修身、齐家、治国的理念。

17.12　子曰："色厉而内荏，譬诸小人，其犹穿窬之盗也与？"

章解：色厉而内荏之人的实际心理。

17.13　子曰："乡原，德之贼也。"

章解：斥责乡愿，指出这种人欺世盗名。

17.14　子曰："道听而涂说，德之弃也。"

章解：道听途说不可取。

17.15　子曰："鄙夫可与事君也与哉？其未得之也，患得之。既得之，患失之。苟患失之，无所不至矣。"

章解：批评当时一些在朝为官的人。

17.18　子曰："恶紫之夺朱也，恶郑声之乱雅乐也，恶利口之覆邦家者。"

章解：明辨是非，扶正祛邪。

17.19　子曰："予欲无言。"子贡曰："子如不言，则小子何述焉？"子曰："天何言哉？四时行焉，百物生焉。天何言哉？"

章解：敬畏自然。要善于从客观事物中受到启迪，受到教育。

17.21　宰我问："三年之丧，期已久矣。君子三年不为礼，礼必坏；三年不为乐，乐必崩。旧谷既没，新谷既升，钻燧改火，期可已矣。"子曰："食夫稻，衣夫锦，于女安乎？"曰："安。""女安，则为之。夫君子之居丧，食旨不甘，闻乐不乐，居处不安，故不为也。今女安，则为之！"宰我出。子曰："予之不仁也！子生三年，然后免于父母之怀。夫三年之丧，天下之通丧也。予也有三年之爱于其父母乎？"

章解：谈论孝道。

17.23　子路曰："君子尚勇乎！"子曰："君子义以为上。君子有勇而无义为乱，小人有勇而无义为盗。"

章解：君子之勇，以义为先。

微子篇第十八

18.1　微子去之，箕子为之奴，比干谏而死。孔子曰："殷有三仁焉。"

章解：行"仁"有不同的形式。

18.2　柳下惠为士师，三黜。人曰："子未可以去乎？"曰："直道而事人，焉往而不三黜？枉道而事人，何必去父母之邦？”

章解：坚持以德治国，以仁理民。

18.5 楚狂接舆歌而过孔子曰：“凤兮凤兮！何德之衰？往者不可谏，来者犹可追。已而！已而！今之从政者殆而！”孔子下，欲与之言。趋而辟之，不得与之言。

章解：出世入世，都是人生。

18.6 长沮、桀溺耦而耕，孔子过之，使子路问津焉。长沮曰：“夫执舆者为谁？”子路曰：“为孔丘。”曰：“是鲁孔丘与？”曰：“是也。”曰：“是知津矣。”问于桀溺。桀溺曰：“子为谁？”曰：“为仲由”。曰：“是鲁孔丘之徒与？”对曰：“然。”曰：“滔滔者天下皆是也，而谁以易之？且而与其从辟人之士也，岂若从辟世之士哉？”耰而不辍。子路行以告。夫子怃然曰：“鸟兽不可与同群，吾非斯人之徒与而谁与？天下有道，丘不与易也。”

章解：“辟人之士”具有仁爱之心，虽身处逆境却心忧天下，具有“知其不可而为之”的精神。

18.7 子路从而后，遇丈人，以杖荷蓧。子路问曰：“子见夫子乎？”丈人曰：“四体不勤，五谷不分，孰为夫子？”植其杖而芸。子路拱而立。止子路宿，杀鸡为黍而食之，见其二子焉。明日，子路行以告。子曰：“隐者也。”使子路反见之。至，则行矣。子路曰：“不仕无义。长幼之节，不可废也；君臣之义，如之何其废之？欲洁其身，而乱大伦。君子之仕也，行其义也。道之不行，已知之矣。”

章解：君子当官不是为了谋取私利，而是为了实行正义，为国为民谋利益。

18.10 周公谓鲁公曰：“君子不施其亲，不使大臣怨乎不以。故旧无大故，则不弃也。无求备于一人！”

章解：治理政事要重视人才。

子张篇第十九

19.1 子张曰：“士见危致命，见得思义，祭思敬，丧思哀，其可已矣。”

章解：读书人立身之大节。

19.2　子张曰："执德不弘，信道不笃，焉能为有？焉能为亡？"

章解：加强道德修养。执德宜弘，信道宜笃。

19.3　子夏之门人问交于子张。子张曰："子夏云何？"对曰："子夏曰：'可者与之，其不可者拒之。'"子张曰："异乎吾所闻：君子尊贤而容众，嘉善而矜不能。我之大贤与，于人何所不容？我之不贤与，人将拒我，如之何其拒人也？"

章解：交友。

19.4　子夏曰："虽小道，必有可观者焉；致远恐泥，是以君子不为也。"

章解：君子小道不为。

19.5　子夏曰："日知其所亡，月无忘其所能，可谓好学也已矣。"

章解：求新温故。好学。

19.6　子夏曰："博学而笃志，切问而近思，仁在其中矣。"

章解：理论联系实际，言行一致。

19.7　子夏曰："百工居肆以成其事，君子学以致其道。"

章解：君子通过学习掌握正确的道理。

19.9　子夏曰："君子有三变：望之俨然，即之也温，听其言也厉。"

章解：君子三变。

19.10　子夏曰："君子信而后劳其民，未信则以为厉己也。信而后谏，未信则以为谤己也。"

章解：为政者的基本要求。取信于民。

19.11　子夏曰："大德不逾闲，小德出入可也。"

章解：忍让有度，在原则问题上不能让步。

19.12　子游曰："子夏之门人小子，当洒扫应对进退，则可矣，抑末也。本之则无，如之何？"子夏闻之，曰："噫！言游过矣！君子之道，孰先传焉，孰后倦焉？譬诸草木，区以别矣。君子之道，焉可诬也？有始有卒者，其惟圣人乎！"

章解：学问先后有序。

19.13　子夏曰："仕而优则学，学而优则仕。"

章解：学优则仕。

19.15　子游曰："吾友张也为难能也，然而未仁。"

章解：评价人要注意分寸。

19.21　子贡曰：“君子之过也，如日月之食焉；过也，人皆见之；更也，人皆抑之。”

章解：君子勇于改过，有过必改。

19.22　卫公孙朝问于子贡曰：“仲尼焉学？”子贡曰：“文、武之道，未坠于地，在人。贤者识其大者，不贤者识其小者。莫不有文武之道焉。夫子焉不学？而亦何常师之有？”

章解：圣人无常师。

19.23　叔孙武叔语大夫于朝，曰：“子贡贤于仲尼。”子服景伯以告子贡。子贡曰：“譬之宫墙，赐之墙也及肩，窥见室家之好。夫子之墙数仞，不得其门而入，不见宗庙之美，百官之富。得其门者或寡矣。夫子之云，不亦宜乎！”

章解：对孔子的评价。孔子思想的伟大。

19.24　叔孙武叔毁仲尼。子贡曰：“无以为也！仲尼不可毁也。他人之贤者，丘陵也，犹可逾也；仲尼，日月也，无得而逾焉。人虽欲自绝，其何伤于日月乎？多见其不知量也。”

章解：对孔子的评价。与日月同辉。

19.25　陈子禽谓子贡曰：“子为恭也，仲尼岂贤于子乎？”子贡曰：“君子一言以为知，一言以为不知，言不可不慎也。夫子之不可及也，犹天之不可阶而升也。夫子之得邦家者，所谓立之斯立，道之斯行，绥之斯来，动之斯和。其生也荣，其死也哀。如之何其可及也？”

章解：对孔子的评价。维护孔子的声望和地位。

尧曰篇第二十

20.1　尧曰：“咨！尔舜。天之历数在尔躬，允执其中。……”

章解：王位意味着一种责任。

20.3　孔子曰：“不知命，无以为君子也；不知礼，无以立也；不知言，无以知人也。”

章解：立身处世的三点要求。知命，知礼，知言。

附录 2

《论语》多义章句释义

学而篇第一

1.1　学而时习之。

解读一：学习了并时常温习它。

解读二：学习了并时常实践它。

1.7　贤贤易色。

解读一：对妻子，重品德，不重容貌。

解读二：尊重贤德的人，轻视年轻貌美的女色。

1.8　无友不如己者。

解读一：不要跟不如自己的人交朋友。

解读二：不要跟与自己不同类（即不志同道合）的人交朋友。

为政篇第二

2.4　六十而耳顺。

解读一：六十岁时可分辨真假，明辨是非。

解读二：六十岁时能听得进不同的意见。

2.6　父母唯其疾之忧。

解读一：父母只为子女的疾病担忧（子女不让父母多操心，即不妄为非）。

解读二：子女只为父母的疾病担忧（对父母做的其他都已足够好）。

2.7　至于犬马，皆能有养。

解读一：狗马都能够得到饲养。

解读二：连狗马都能养其亲。

2.10　视其所以。

解读一：看他结交的朋友。

解读二：看他言行的动机。

2.16　攻乎异端，斯害也已。

解读一：批判那些不正确的议论，祸害就可以消灭了。

解读二：去攻读钻研异端邪说，那就有害了。

2.17　由，诲女知之乎。

解读一：仲由，教给你对待知或不知的态度吧。

解读二：仲由，我教导你的知识，知道了吗？

八佾篇第三

3.1　是可忍，孰不可忍也？

解读一：这样的事都忍心做出来，还有什么事不忍心做呢？

解读二：这种事如果可以容忍，那还有什么不可以容忍的事呢？

3.5　夷狄之有君，不如诸夏之亡也。

解读一：那些夷狄之国虽然有君主（却没有礼仪），还不如中原诸国没有君主（却保留着礼仪）好呢。

解读二：连那些（没有开化的）夷狄之国还有（贤明的）国君，不像中原诸国连（贤明的）国君都没有。

里仁篇第四

4.4　苟志于仁矣，无恶也。

解读一：如果立志去实行仁德，总没有坏处。

解读二：如果立志去实行仁德，那就不会去做坏事了。

4.7　人之过也，各于其党。

解读一：什么样的错误就是由什么样的人犯的。

解读二：人的错误，各自同犯它那一类的人一样。

4.8　朝闻道，夕死可矣。

解读一：早上听说了真理，哪怕晚上就死去，也是可以的。

解读二：早上明白了真理，哪怕晚上就死去，也是可以的。

4.10　无适也，无莫也。

解读一：没有一定要做的，也没有一定不要做的。

解读二：不会有的亲近，有的冷漠（即对人用情无亲疏厚薄之分）。

解读三：没有敌对的，也没有爱慕的（即“无所为仇，无所欣慕”）。

4.18　又敬不违，劳而不怨。

解读一：（见志不从），仍然恭敬地不冒犯他们，虽然为父母忧愁，但不怨恨。

解读二：（见志不从），还是要恭恭敬敬，不要违背；为父母操劳，也不要怨恨。

公冶长篇第五

5.9　吾与女弗如也。

解读一：我赞同你的话，（你）是赶不上他。

解读二：我和你都赶不上他。

5.26　无施劳。

解读一：不表白自己的功劳。

解读二：不要把劳苦之事施加到别人身上。

5.26　老者安之，朋友信之，少者怀之。

解读一：使年老的人心安于我，使朋友信任我，使年轻人怀念我。

解读二：使年老的人得到安康舒适，使朋友互相得到信任，使年轻人得到关怀养护。

雍也篇第六

6.26　井有仁焉。

解读一：有一位仁人掉到井里啦。

解读二：有一个人掉到井里啦。

述而篇第七

7.7　自行束脩以上。

解读一：（只要）愿意亲自来送十条干肉（作为薄礼）的人。

解读二：（只要）十五岁以上的人（即“行束脩”代表年龄）。

泰伯篇第八

8.4　动容貌，斯远暴慢矣。

解读一：容貌庄严严肃，就可以避免别人的粗暴和怠慢。

解读二：使容貌谦和严肃，就可以避免粗暴急躁，放肆怠慢。

8.4　正颜色，斯近信矣。

解读一：端正自己的脸色，就容易使人相信。

解读二：使脸色正派庄重，就接近于诚实守信。

8.9　民可使由之，不可使知之。

解读一：老百姓，可以让他们照着当政者所指的道路去走，而不可以让他们知道为什么这样做。

解读二：老百姓，可以让他们照着当政者所指的道路去走，但让他们都了解为什么要这样做是很难的（即教化百姓很难）。

8.18　而不与焉。

解读一：却不去谋取个人私利（即不私自占有和享受）。

解读二：却不亲自干预具体的政事（即发挥大臣作用）。

子罕篇第九

9.1　子罕言利与命与仁。

解读一：孔子很少谈到功利、天命和仁德。

解读二：孔子很少谈功利和天命，赞许仁德。

9.11　既竭吾才，如有所立卓尔。虽欲从之，末由也已。

解读一：我已经用尽我的才力，似乎能够独立地工作。虽然想要再向前迈进一步，又不知怎样着手了。

解读二：直到竭尽了我的才力（也不能停止学习），总好像有一个非常高大的东西立在我的面前。虽然很想要攀登上去，却没有途径。

9.18　吾未见好德如好色者也。

解读一：我没有见过喜爱道德胜过喜爱美貌这样的人。

解读二：我没有见过爱慕德行像爱慕美色那样的人。

乡党篇第十

10.27　三嗅而作。

解读一：它们又振了几下翅膀飞走了。

解读二：它们又长叫了几声飞走了。

先进篇第十一

11.2　皆不及门也。

解读一：（现在）都不在我的门下了（即孔子思念那些在艰危中跟随他的弟子）。

解读二：（现在）都没有进入仕之门啊（即孔子弟子无仕陈蔡者）。

颜渊篇第十二

12.1　一日克己复礼，天下归仁焉。

解读一：有一天做到了克制自己符合于礼，天下的人就都赞许你是仁人了。

解读二：有一天做到了克制自己符合于礼，天下就都归顺于仁人了。

子路篇第十三

13.20　言必信，行必果，硁硁然小人哉。

解读一：说话一定守信用，行动一定坚决果断，这是不问是非曲直而只管自己言行的浅薄固执的小人啊。

解读二：说话一定守信用，办事一定很实在，像击打出声响的石头子，是一般的小人啊。

13.23　君子和而不同，小人同而不和。

解读一：君子讲求和谐而不盲从附和，小人同流合污而不能和谐。

解读二：君子协调差异，而不强求一致；小人强求一致，而不协调差异。

宪问篇第十四

14.23　君子上达，小人下达。

解读一：君子向上通达于仁义，小人向下通达于财利。

解读二：君子上达于道，小人下达于器。

解读三：君子上达于公，小人下达于私。

14.35　下学而上达。

解读一：学习一些平常的知识，却透彻了解了很高深的道理。

解读二：下学人事，上达天命。

14.39　果哉！末之难矣。

解读一：说得真果断坚决啊！没有办法说服他了。

解读二：说得真果断坚决啊！（如果真像蹚水那样）就没有什么困难了。

卫灵公篇第十五

15.26　有马者借人乘之。

解读一：有马的人（不自私），愿意把马借给别人骑。

解读二：有马的人（自己不会驾驭），而借助驯马的人来调习训练。

15.34　君子不可小知而可大受也。

解读一：君子不可以用小事情考验他，却可以接受重大任务。

解读二：君子不可让他只做小事情，而可以让他接受重大任务。

季氏篇第十六

16.6　言未及之而言，谓之躁。

解读一：（君子）没轮到他说话，（你）就先说了，叫作急躁。

解读二：（君子）还未说到，（你）就先说了，叫作急躁。

16.6　言及之而不言，谓之隐。

解读一：该（你）说话了，（你）却不说，叫作隐瞒。

解读二：（君子）已经说到，（你）还不说，叫作隐瞒。

阳货篇第十七

17.10　人而不为《周南》《召南》，其犹正墙面而立也与。

解读一：一个人如果不学《周南》《召南》，就好像面对墙壁站着啊。

解读二：一个人如果不会《周南》《召南》，那就得独自保持沉默，虽在合唱的人群之中，也像面对着墙壁而孤立一般。

17.21　予也有三年之爱于其父母乎？

解读一：宰予难道没从父母那里得着三年怀抱的爱护抚育吗？

解读二：宰予是不是也有三年的爱心报答于他的父母呢？

17.24　恶徼以为知者。

解读一：我厌恶窃取抄袭别人的知识成果却自以为聪明的人。

解读二：我厌恶私自侦察他人的言行动静却自以为聪明的人。

微子篇第十八

18.6　天下有道，丘不与易也。

解读一：如果天下政治清明，我就不会和你们一起来从事改革了。

解读二：如果天下政治清明，我就不参与改革（现实的活动）了。

子张篇第十九

19.2　执德不弘。

解读一：执守仁德不能坚定不移。

解读二：执守仁德不能发扬光大。

19.13　仕而优则学，学而优则仕。

解读一：做官了，有余力便去学习；学习了，有余力便去做官。

解读二：做官要做得好就应该学习，学习好了才可以做官。

尧曰篇第二十

20.1　信则民任焉。

解读一：诚实守信用，就会得到百姓的信任。

解读二：诚实守信用，就会得到别人的任用。

■后　记

由于《题解红楼》得到出版社的认可，在出版社的建议下，前后耗时近一年，我终于完成了《题解论语》书稿的写作。

为了编著这本书，尤其暑假那段日子，我杜绝一切可能的应酬，深居简出，在高温酷暑天，挥汗如雨。由于经常熬到深夜，眼睛视力大为受损，有时思路出现阻塞，情绪也变得很坏。幸亏有妻子的帮助，才使我坚持下来，终于如期完成了书稿。当最后一个字敲定时，我如释重负，有一种灵魂放飞的感觉。一路走来的不易与成功的喜悦交织在一起，让我感慨良多。

对于《论语》我不陌生，早年教孩子时，一块儿读了些章句；后来，听专家作报告，得知他研究《论语》多年很受教益，便也受感染试着研读了部分内容；近年来，因为教学的缘故，更是加大了对《论语》的学习与研究。有这个基础，再加上出版社的建议，我对《论语》做了全方位的深入的梳理与总结。目的仍然与《题解红楼》一样，将自己的研究所得与人分享，为读者提供阅读的帮助，为更多的人带来便捷和收获。

看着书稿，我有一种幸福的成就感。同时我也深知，书稿的完成得益于很多人的帮助，对此我心怀感恩之情。我愿在此再一次表达我真诚的谢意。首先我要感谢我的妻子、语文高级教师邵英兰女士，她是书稿的第一读者，甚至部分篇章是由她来协助我完成的。我要感谢全国知名特级教师、正高级教师谢泽运校长，中国社会科学院法学博士、高级教师邓跃茂书记，两位领导的关心、过问、指导与支持，使我对书籍的出版增强了信心。

我要感谢东方出版社的姚恋女士，是她的建议与助推，加速了本书的写作日程。我要感谢本书的责任编辑王晶晶及相关工作人员，是他们的精心编辑和辛勤工作，保证了本书的质量。

我还要感谢帮我校对的青年教师彭蕾、白雪洁，作为我的同事和徒弟，她们的认真校对也为本书增色不少。我更要感谢那些为本书提供了原始素材的广大教师与学生，他们的智慧为丰盈本书的内容奠定了基础。

最后，我还要衷心感谢著名语文教育专家、全国中语会学术委员会主任、著名特级教师、正高级教师程翔先生，北京市朝阳区教育科学研究院高中语文教研室主任、全国知名特级教师、正高级教师、诗人何郁先生，他们的审阅与荐读，是对我的莫大鼓励！

前途似海，我愿意在各位师友的指导帮助下，奉献更多的成果，做出更大成绩！

2023 年 3 月